Arno Specht

Berlins Geisterstätten

Eine Spurensuche

Mit Fotos von Stefan Beste, Babett Köhler,
Adrian Specht und Arno Specht

Jaron Verlag

Die Fotografen

Stefan Beste: 19, 35, 38, 84/85, 94, 107

Babett Köhler: 20/21, 52, 62 (2), 63, 66, 67 (l.), 70, 80/81, 93, 96/97

Adrian Specht: 9 (2), 29, 37, 45, 46/47, 49, 50/51, 53, 72/73, 75, 77, 79 (r.), 90, 106 (r.), 111 (2)

Arno Specht: 7, 8, 10/11, 12, 13, 14, 15/16, 17, 18, 22, 23, 24 (2), 25, 26/27, 28, 30, 31 (2), 32/33, 34, 35, 36, 39, 40/41, 42, 43, 44, 48, 52, 54, 55, 56 (2), 57, 58/59, 60, 61, 64/65, 67 (r.), 68/69, 71, 74, 76, 78, 79 (l.), 82, 84, 85 (u.), 86/87, 88, 89, 91, 92, 95, 98, 99, 100/101, 102, 103 (2), 104, 105, 106 (l.), 108/109, 110, 112

Erweiterte Ausgabe

1. Auflage dieser Ausgabe 2020

© 2010–2020 Jaron Verlag GmbH, Berlin

www.jaron-verlag.de

Umschlaggestaltung: Bauer+Möhring, Berlin, unter Verwendung eines Fotos von Arno Specht (American Field Station Teufelsberg)

Satz und Layout: Prill Partners | producing, Barcelona

Lithografie: Bild1Druck GmbH, Berlin

Druck und Bindung: Finidr s.r.o., Český Těšín

Printed in the Czech Republic

ISBN 978-3-89773-872-0

Inhalt

Vorwort zur erweiterten Ausgabe

Es ist schon einige Jahre her, dass der damalige Regierende Bürgermeister von Berlin ein geflügeltes Wort in die Welt setzte. Keinem Werbeprofi wäre es jemals über die Lippen gekommen – doch vielleicht war es gerade deshalb so erfolgreich. Berlin, so Klaus Wowereit, sei »arm, aber sexy«.

Der Mann hatte recht. Denn die Spuren der wechselvollen Geschichte der Stadt waren damals noch überall zu sehen, schufen aber genau jenen geheimnisvollen Zauber, den nur das Unfertige und Unperfekte mit sich bringt. Sie erzählten im beginnenden 21. Jahrhundert noch vom Zweiten Weltkrieg, von der Teilung Deutschlands und den Folgen der Wiedervereinigung, die im wahrsten Sinne des Wortes über Nacht über die Stadt gekommen war. Die Berliner machten das Beste aus der Situation. Die Wirtschaft lag danieder, das Land Berlin verordnete sich einen rigiden Sparkurs, und mit dem Hauptstadt-Glamour war's auch noch nicht weit her. Dafür gab es plötzliche Freiräume in dieser Stadt, die sich erst wiederfinden musste. Man freute sich über die niedrigen Mieten und tanzte zwischen bröckelndem Putz in Gebäuden, die noch die piefige Aura der soeben untergegangenen DDR ausstrahlten. Zwischen all den urbanen Spielwiesen für junge Menschen, die es aus aller Welt nach Berlin zog, gab es das, was es in einer modernen Großstadt eigentlich nicht geben darf – zumindest nicht in den Augen von Projektentwicklern und Investoren: zahllose Ruinen. Sie standen einfach so da, waren sich selbst überlassen und weit entfernt von jeder kapitalistischen Verwertung. Und das zum Teil sogar in allerbester Lage mit Spreeblick. Oftmals wusste niemand genau, wem sie gehören. Aber die Türen waren offen. Offen für Leute wie mich, die sich als »Urban Explorer« zu bezeichnen begannen.

Als ich 2007 die ersten Touren durch die Berliner Ruinen unserer Zeit machte, war diese Ära schon fast vorbei. Ich kam gerade noch rechtzeitig. Und ich genoss die leer stehenden Gebäude, die von ihrer Vergangenheit erzählten. Für mich als Schwaben aus dem stets sauber gekehrten Baden-Württemberg war es besonders faszinierend. Schnell entdeckte ich, dass ich mit dieser Leidenschaft nicht alleine war. Das Internet half – allen voran Stefan Bestes legendäres Forum »Exploreberlin«. Dort fand ich Anregungen, Infos und auch Freunde, mit denen ich – meist zusammen mit meinem Sohn Adrian – auf Tour ging. Es wurden viele spannende Ausflüge zu Berliner Orten, die bisher in keinem Reiseführer standen. So schrieb ich mein eigenes Berlin-Porträt.

Der Berliner »Geisterstätten«-Band erschien erstmals 2010. Dass das Projekt eine erhebliche Eigendynamik entfalten würde, ahnte ich da noch nicht. Aber Verleger Norbert Jaron ermutigte mich zu weiteren Bänden. So entstanden in der Folge – unter der werten Mithilfe von Christine Gruler, Uwe Schimunek und Martin Kaule – die Bücher über Dresden (2013), Leipzig (2014), Mecklenburg-Vorpommern (2016), Thüringen (2017), Sachsen (2018) und Sachsen-Anhalt (2019).

Zum zehnjährigen Jubiläum der Buchreihe ist es nun Zeit für einen Rückblick. Der vorliegende Band ist die vorläufige Bilanz einer 13-jährigen Spurensuche. Er umfasst Texte aus den verschiedenen Auflagen von »Geisterstätten Berlin«, ergänzt durch einige neue Kapitel. Er zeigt die Orte, wie ich sie bei meinen ersten Besuchen vorfand, und erklärt kurz, was aus ihnen geworden ist. Denn viele der einstigen Geisterstätten sind verschwunden oder sehen mittlerweile völlig anders aus. Es geht mir darum, die Aura dieser verlassenen Objekte für die zu konservieren, die sie nie selbst erleben konnten.

Beim Sichten der älteren Texte fiel mir aber auch auf: An manchen der Orte hat sich gar nicht so viel verändert. Sie sind weiterhin in diesem aufregenden Schwebezustand zwischen vergangener Größe und Verfall. Es gibt sie also noch, die Berliner Geisterstätten. Auch wenn die Stadt nicht mehr ganz so arm ist.

Arno Specht, im Herbst 2019

Die Trasse im Niemandsland

Siemensbahn

Nur ein Ring ist geblieben. Ein rostiger Ring, rund fünfzig Zentimeter im Durchmesser. Der Rest der Bahnhofsuhr ist verschwunden – vor allem das, was eine Uhr zur Uhr macht: die Zeiger und das Ziffernblatt. Die Zeit wird diese Uhr nie wieder anzeigen. Aber das stört hier niemanden. Hier ärgert sich niemand mehr über verspätete Züge. Hier spielen Minuten und Sekunden keine Rolle. Hier gibt es keine Fahrpläne mehr. Denn seit knapp dreißig Jahren ist am S-Bahnhof Wernerwerk kein Zug mehr abgefahren. Auch die Haltestellen Siemensstadt und Gartenfeld tauchen in keinem Fahrplan mehr auf. Im September 1980 rumpelten die letz-

Zeitlos: Seit 1980 hat an der Station Siemensstadt kein Zug gehalten

ten Waggons über die Gleise der Siemensbahn im Berliner Nordwesten. Nach 51 Jahren war Schluss.

Es war ein Sterben auf Raten gewesen. Denn die Siemensbahn war ein Relikt aus der Zeit, in der Berlin eine Stadt der Großindustrie war. Siemens & Halske, eines der wichtigsten Unternehmen, verlagerte in den 1920er-Jahren sein Hauptwerk an den Stadtrand – fernab des damaligen S-Bahn-Netzes. Dort konnte der Konzern zwar seine Produktionsflächen erweitern, die Arbeiter lebten aber weiterhin in Kreuzberg oder Moabit. Damit die Belegschaft trotzdem pünktlich zur Arbeit kam, griff Siemens tief in die Tasche und baute weitgehend in Eigenregie und größtenteils auf eigene Rechnung die 4,5 Kilometer lange Strecke. Während Siemens die Strecke und Bahnhöfe baute, übernahm die Reichsbahn den Betrieb. 1929 fuh-

Treppe ins Nichts: Der Ausgang ist vermauert

ren die ersten Züge – über eine Strecke, die zu großen Teilen über Werkgelände führte. Und zu einem Viertel, das den Namen Siemensstadt erhielt. Doch nach Krieg und Teilung war alles anders. Siemens verlegte seinen Hauptsitz nach München, und die Bahn verlor an Bedeutung. Wo früher bis zu 17 000 Arbeiter pendelten, stiegen

am Ende nur noch ein paar Dutzend Fahrgäste in die gelb-roten Wagen.

Auch politisch passte die Bahn schon lange nicht mehr in die Zeit. Schließlich fuhr die gesamte Berliner S-Bahn unter der Regie der Reichsbahn der DDR. Seit dem Mauerbau galt daher jedes im Westen gekaufte S-Bahn-Ticket als unerwünschter Devisentransfer gen Osten. »Keinen Pfennig mehr für Ulbricht« oder »Jeder West-Berliner S-Bahn-Fahrer bezahlt den Stacheldraht« hießen die Parolen. Die BVG begann, Buslinien als Konkurrenz zur S-Bahn aufzubauen – und grub schließlich neue U-Bahn-Linien in den Boden und damit der S-Bahn die Kundschaft ab. Parallel zur Siemensbahn entstand die U7. Und als 1980 West-S-Bahner

Außer Betrieb: Stück für Stück zerfallen die technischen Anlagen

gegen die schlechten Arbeitsbedingungen bei der Ost-Bahngesellschaft streikten, zog die Reichsbahn Konsequenzen: Mehrere Linien verschwanden vom Fahrplan. Eines der Streikopfer war die Siemensbahn.

Seither verrosten die Gleise. Die Brücke über die Spree wurde dem Spreeausbau geopfert. Und dort, wo noch Schienen liegen, erlebt man auf wenigen Quadratmetern eine surreal anmutende Ungleichzeitigkeit. Denn Geisterbahnhof und Geisterbahn liegen nicht in einer Geisterstadt. Nur wenige Meter unter dem toten Gleis der Eisenbahnbrücke, die über den Siemensdamm führt, herrscht dichter Autoverkehr. Im Schatten der Pfeiler werden Fahrräder abgestellt, Gebrauchtwagen angepriesen und Bratwürste verkauft. Das Leben in der Vorstadt tobt. Nur nicht ein paar Meter weiter oben auf dem Bahndamm. Er gehört der Natur.

Aus dem Schotter wachsen Büsche. Zweige ragen weit in die Trasse hinein. Der Begriff Großstadtdschungel bekommt eine ganz eigene Bedeutung. Und mitten im anarchisch wuchernden Gestrüpp trotzt die Ingenieurskunst der Biologie. Die Gleise rosten, die Schwellen faulen – aber ihr Raster stimmt noch exakt mit den Plänen überein, die vor über achtzig Jahren auf dem Reißbrett gezogen wurden. Wer auf der Strecke läuft, schreitet mit gleichförmigem Schritt von Bohle zu Bohle. Als Streckengänger im Niemandsland. Nur in der Nähe eines Wohnblocks wird

Folgende Doppelseite: Die Natur setzt sich durch, der Bahnsteig überwuchert

Werbung ohne Kunden: Plakat an der Station Siemensstadt

die Monotonie unterbrochen. Zwischen dem Grün schimmern Flaschen
und Dosen, ganze Packen nie ausgetragener Werbezeitungen modern vor
sich hin. Daneben liegen Spritzen und aufgequollene Stofftiere. Es sind
Relikte, die ganz andere Geschichten erzählen. Geschichten, die man gar
nicht näher kennenlernen will.

»Nächster Halt: Siemensstadt« – diese Durchsage hörte schon lange
niemand mehr. Stattdessen kündigen bemooste Bahnsteigreste, rostige
Lampen und Signale die nächste Station an. Wie eine Tempelruine im
Regenwald taucht der nächste Geisterbahnhof aus dem Dickicht auf.
Gespenstische Ruhe liegt zwischen den toten Gleisen, aus der Asphalt-
decke sprießen Birken. Die Wartehäuschen sind vernagelt, die Abgänge
zur Straße hin vermauert. Über der Treppe wirbt ein Herrenausstatter
mit einem blassen Berliner Bär auf rissigem Grund, und an einer An-
schlagtafel hängt ein Streckenplan aus den späten 1970ern. Man steht
mitten in einer Zeitblase. Und auch hier hat die Uhr keine Zeiger.

*Verfasst 2009. Lange tat sich nichts. 2019 sprachen sich die Deutsche
Bahn AG und der Berliner Senat gemeinsam für die Reaktivierung der
Strecke aus. Der Wiederaufbau soll bis 2025 abgeschlossen sein.*

Das erste Haus der Freien Universität

Institut für Anatomie in Dahlem

Am 3. Oktober 1990 war Schluss. Die DDR hauchte ihr Leben aus, aus zwei deutschen Staaten wurde einer, und den Osten der Republik umschrieb man fortan als »die neuen Bundesländer«. Dort verschwand in den Jahren danach vieles, was bis dahin als unverzichtbar galt. Und während der nun gesamtdeutsche Bundeskanzler »blühende Landschaften« versprach, wurde dieses Versprechen an vielen Orten nur von Pionierpflanzen eingelöst, welche schleichend die verlassenen Höfe volkseigener Betriebe oder öffentlicher Einrichtungen eroberten, die abgewickelt worden waren. Geschichten dieser Art passierten zu Tausenden – ganz überwiegend im Osten der Republik. Doch manchmal zogen auch traditionsreiche Institutionen der alten Bundesrepublik den Kürzeren. In diesem Fall sogar im gepflegten Dahlem. Denn wenn es keine Wiedervereinigung gegeben hätte, würde man heute in der Königin-Luise-Straße wohl nicht

Mit repräsentativer Fassade: FU-Institut für Anatomie

Leere statt Lehre: Der Seziertisch ist verschwunden

vor einer eingezäunten Ruine stehen. Bis kurz nach der Jahrtausendwen-
de fand man hier das Institut für Anatomie der Freien Universität (FU).
Dann aber zogen Forschung und Lehre in den einstigen Osten, an die
Charité, das Vorzeigekrankenhaus des vereinten Deutschlands.

Eine überwucherte Grünanlage, eingeschlagene Fenster, bröselnde
Fassaden, Schutt und Scherben zwischen meterhohem Gras – gerade im
Umfeld von Dahlem, einem der gediegensten Ortsteile des alten Westens,
wirkt die Szenerie unwirklich. Doch die Ruine ist keine Fata Morgana –
sie ist echt. Und man erkennt sie sogar mit geschlossenen Augen. Spaziert man an einem schönen Frühlingstag die gepflegten Gehwege ent-
lang, weicht irgendwann der Duft von Flieder und Jasmin dem Geruch
von Moder und Verwesung. Das freilich passt zur einstigen Funktion
des Gebäudes. Denn in einem Institut für Anatomie geht es um nichts
anderes als den Tod. Dass sich die FU im Kampf der Freiheit gegen den
kommunistischen Osten sah, ändert daran nichts.

In diesem Kampf hatte die heutige Ruine Symbolkraft: Sie war nämlich das erste Gebäude, das 1949 eigens für die FU errichtet wurde. Erst
ein Jahr vorher war diese gegründet worden – als Gegengewicht zur
Humboldt-Universität, der ehemaligen Friedrich-Wilhelms-Universität.
Die konnte zwar auf eine lange Tradition zurückblicken, lag jetzt aber im

sowjetischen und somit aus westlicher Sicht eindeutig falschen Sektor der Stadt. Denn ob dort die Freiheit von Forschung und Lehre noch gewährleistet war, wurde im Westen bezweifelt. Die USA teilten diese Zweifel und unterstützten die Neugründung im eigenen Sektor. Der Kampf der Systeme wurde jetzt auch im Bereich der Wissenschaften ausgetragen. Und mit US-Unterstützung entstanden in den folgenden Jahren repräsentative Großprojekte wie das Universitätsklinikum Benjamin Franklin und der Henry-Ford-Bau. Neben ihnen mutet das Präpariersaalgebäude an der Königin-Luise-Straße recht bescheiden an – auch wenn Oberbaurat Ernst Huntemüller sich für eine repräsentative Fassade mit großen Fenstern und massigen Pfeilern entschied.

Dass das akademische Leben sich zum Leidwesen ganzer Studentengenerationen in einem eher abgelegenen Viertel abspielte, hatte historische Gründe. Schon seit der Wende zum 20. Jahrhundert war Dahlem ein renommierter Forschungsstandort. Friedrich Althoff, Ministerialdirektor im Preußischen Kultusministerium, träumte sogar von einem »deutschen Oxford«, als er um 1900 auf dem Gelände der Königlichen Domäne Dahlem mehrere Institute ansiedeln und vor allem auch den Botanischen Garten anlegen ließ.

Gruselig: Stahlschränke für Leichname

Zählte der Botanische Garten schon immer zu den beliebtesten Touristenattraktionen der Stadt, so entwickelte sich die Ruine schräg gegenüber nach der Wiedervereinigung zumindest zum inoffiziellen Hotspot. Kein Wunder, denn der Gruselfaktor ist beachtlich. Schließlich wurden in dem vor sich hin rottenden Haus über Jahrzehnte hinweg Hunderte menschlicher Leichen geöffnet, seziert und zerteilt. Beklommen erkundet man die Räume. Da ist dieser kleine Saal mit den halbkreisförmigen erhöhten

Folgende Doppelseite: In diesem Saal lernte der medizinische Nachwuchs

Rängen. Auf ihnen stand einst der akademische Nachwuchs, während in der Mitte des Raums der Herr Professor das Skalpell ansetzte. Der Seziertisch ist verschwunden. Aber der offene Abfluss im Boden zeugt noch von seinem früheren Standort. Mehr Details will man gar nicht wissen. Denn in diesem Haus wirken das Knirschen der Scherben, das Klappern der Fenster oder das Quietschen offen gelassener Türen noch mal eine Portion gruseliger als sonst. Unangenehm kühl ist es in den Gemäuern – vor allem, wenn man in den Keller hinabsteigt und plötzlich in einem Raum voller Edelstahlschränke steht. Hier warteten einst die leblosen Körper derer, die ihren Leib testamentarisch der FU vermacht hatten, auf ihren letzten Einsatz im Dienste der Wissenschaft.

Hier wurde seziert: Kellerraum

Knallig blau, kreischend grün, blutrot und leuchtend lila – in allen erdenklichen Farben haben Sprayer die Kühlkammern verziert. Als ob sie die Tatsache verdrängen wollten, dass hier einst Leichen aufbewahrt wurden. Doch verschweigen lässt sich nichts. Denn die Seziertische aus Edelstahl stehen gleich im Raum nebenan. Noch bis 2005 wurde an ihnen gearbeitet. Dann schloss das Institut. Zwei Jahre zuvor waren die medizinischen Fakultäten der beiden Unis zur »Charité – Universitätsmedizin Berlin« fusioniert worden. Die deutsche Wiedervereinigung war nun auch hier endgültig vollzogen. Gut fünftausend Quadratmeter Nutzfläche stehen in Dahlem seither leer.

2011 kauften drei Stiftungen das Gelände. Doch seit Jahren können sich die Besitzer und der Bezirk nicht so recht einigen. Die Eigentümer möchten einen Discounter errichten. Das lässt der Bebauungsplan aber nicht zu. So können sich die Nachbarn weiterhin an einer Besonderheit erfreuen: einem unfreiwilligen Denkmal für Dahlems Beitrag zum Aufbau Ost.

Verfasst 2019.

Die Spur der Küchenkommissare

Bärenquell-Brauerei

Die Akten haben alles überdauert: den Mauerfall und die Währungs-
union, die Wiedervereinigung und die Treuhand-Ära. Und auch nachdem
ein Konzern aus dem Westen die Brauerei am Rande Berlins übernom-
men hatte, blieben die Ordner dort, wo sie schon immer gewesen waren:
im kleinen Betriebsratszimmer im zweiten Obergeschoss. Dort stehen
sie noch heute. Denn als die Brauerei vor zwanzig Jahren geschlossen
wurde, hatte niemand Interesse an den Akten des Betriebsrats.

Feucht und etwas stockig ist das Papier geworden. Beim Blättern macht
sich ein ganz besonderes Gefühl zwischen den Fingern bemerkbar: Man
spürt, dass hier seit Jahren niemand etwas nachgesehen hat. Die Blätter
riechen muffig, Büroklammern und die Bügel der Ordner haben rostrote

Nutzlos gewordene Technik: Reste der Brauerei-Einrichtung

Spuren hinterlassen. Man liest und taucht ein – tief in den Betriebsalltag eines Unternehmens im kleineren deutschen Staat. Denn auch das Banale fand Einzug in die Aktenberge, die die DDR hinterließ.

Da ist zum Beispiel der Ordner der Küchenkommission. Während man sich zwischen Rostock und Plauen fragte, wie das mit dem Überholen ohne einzuholen gemeint war, ging es hier um die handfesten Probleme des Alltags. So gab die Kommission am 2. Juni 1987 gleich mehrere gravierende Kritikpunkte zu Protokoll. Erstens lasse die Freundlichkeit der Köche zu wünschen übrig. Zweitens sei das Essen nach 12.30 Uhr nicht mehr warm genug – trotz Wärmeplatte. Und drittens gebe die Sauberkeit des Bestecks Anlass zur Kritik. Immer-

Verlassen: Die einstigen Lagerräume

hin habe sich die Qualität der Speisen in der letzten Zeit verbessert. All dies wurde verfasst, gelesen und abgezeichnet von sechs Kolleginnen und Kollegen – und ordentlich abgeheftet. Zwischen Hunderten ähnlicher Protokolle. Damit die Tätigkeit der Küchenkommissare für alle Ewigkeiten dokumentiert ist.

Auf diese Weise wurde ein Stück Sozialgeschichte festgehalten, das einen Einblick in den Alltag einer der Brauereien gibt, die einst die Millionenstadt Berlin mit Bier versorgten – dem Grundgetränk der Arbeiterstadt, ausgeschenkt in Tausenden von Eckkneipen, ohne dass es je Kultstatus erreicht hätte. Ein Alltagsgetränk eben, ehrlich und unprätentiös.

Während sich außerhalb Berlins vor allem die berüchtigte Weisse mit Schuss einen Namen machte, ging vor Ort der Trend schon bald zum herben, untergärigen Bier. Das Brauverfahren war aufwendiger, was die Bildung großer Braukonzerne beschleunigte. Einen davon gründete

Vorige Doppelseite: Nur leere Flaschen erinnern an die Marke »Bärenquell«

Max Meinert in den 1880er-Jahren in Schöneweide. Für seine Borussia-Brauerei ließ er prachtvolle Backsteinbauten errichten. Doch schon 1898 endete diese Epoche, und die Brauerei in der Schnellerstraße wurde zur Abteilung IV unter dem Dach des Bier-Giganten, der seit 1853 den Berliner Biermarkt aufrollte: Schultheiss. 1955 trennte sich die DDR vom bürgerlich belasteten Namen, Schultheiss wurde fortan Inbegriff der West-Berliner Bierseligkeit. In Schöneweide floss nun ein Bier namens Bärenquell in die Pfandflaschen, und nicht weit davon entfernt füllte die Brennerei Bärensiegel Hochprozentiges ab. Bärenquell und Bärensiegel bildeten die Corporate Identity des ostdeutschen Herrengedecks.

Bis 1989 war die Brauerei Betriebsteil des Getränkekombinats Berlin und stieß jährlich 600 000 Hektoliter aus. Nach dem Ende der DDR braute der Henninger-Konzern bis 1994 an altem Ort und mit bewährtem Namen weiter. Seither führen Bierliebhaber den Namen Bärenquell auf der bundesweiten Liste der verschwundenen Brauereien – zwischen Bärenbräu aus Schwenningen und Balbach Edel-Pils aus Biedenkopf.

Während mit vielen der Biermarken auch die Brauereien verschwanden, wurden die Reste der Bärenquell-Brauerei zur Geisterstätte im Berliner Osten. In den großen Gärbottichen mischen sich Staub und Tropfwasser. Quadratmeterweise bedecken rostige Kronkorken den Betonboden. Dazwischen Etiketten mit der Aufschrift »Bärenquell/Berliner Pilsner Spezial« – Etiketten, die nie in die Hand eines durstigen Biertrinkers kamen.

Fabrikhof-Romantik

In den Büros biegen sich die Regalbretter unter der Last der Vergangenheit. Ein Stapel Fotokopien ist schon herausgerutscht. Säuberlich zusammengetackert liegen ganze Ausgaben einer Braufachzeitung auf dem feuchten Boden, Seite für Seite vervielfältigt und im Betrieb verteilt. »Brauwelt« heißt das Periodikum – ein Fachmagazin aus der Bundesrepublik. Denn die Entwicklungen im Brauereisektor West waren auch für die Brauerei Ost wichtig. Schließlich wurde ein großer Teil des Ausstoßes in die Bundesrepublik verkauft – flüssiges Gold gegen harte Devisen. Leere Kartons

Bierforschung: Proben von Braugerste und die Überreste des Brauerei-Labors

mit der Aufschrift »Product of the German Democratic Republic« lagern noch in einem Nebenraum. Als Billigbier landete es bei westdeutschen Discountern. Vermutlich ahnten nur wenige, die mit der Bierbüchse in der Hand über »die da drüben« herzogen, dass sie soeben wieder ein paar Pfennig West in den Osten transferiert hatten.

Heute steht das Begriffspaar Ost/West zwar nicht mehr für den Kampf zweier politischer Systeme, aber ein Wohlstandsgefälle innerhalb unseres Kontinents bezeichnet es noch immer. Das manifestiert sich auch in der alten Brauerei: Hier leben Obdachlose aus Rumänien und Bulgarien. Menschen, die auf der Suche nach einem besseren Leben nach Berlin kamen und dort durch alle Maschen des sozialen Netzes gefallen sind. Menschen, denen selbst das Leben in einer Ruine attraktiver erscheint als die Rückkehr in ihre Heimat. In ehemaligen Büros haben sie sich eingerichtet.

Der Rest der Gebäude zerfällt weiter. Immer wieder brennt es – Folgen illegaler Partys oder schlichter Zerstörungswut. Irgendwann werden auch die Akten der Küchenkommission endgültig verschwinden.

Verfasst 2009. Durch Vandalismus und mehrere Brände verschlechterte sich der Zustand zusehends. Zeitweise war ein Baumarkt geplant. 2019 wurden neue Sanierungspläne vorgelegt: Büros, Geschäfte und gastronomische Betriebe sollen entstehen.

Das bedrohte Refugium von Knautschke

Wernerbad in Kaulsdorf

Tierschicksale berühren uns. Wer beim Tod von Bambis Mutter nicht weint, kann kein Herz haben, und sogar Adolf Hitler wurde ganz schwach, wenn Schäferhündin Blondi ihn mit treuen Augen anblickte. Falls mit einem Tier dann noch Kindheitserinnerungen verbunden sind, ist alles zu spät – selbst wenn dieses nur aus Beton ist. So ergeht es gar manchem mit dem Nilpferd, das auf den Namen Knautschke hört und Alexander J. Hermann von der CDU zu einer umfassenden Anfrage an die Bezirksverordnetenversammlung von Marzahn-Hellersdorf veranlasste: Darf Knautschke dauerhaft in seiner gewohnten Umgebung bleiben, und wird seine Existenz fachmännisch gesichert? Mehr noch, es ist eine ganz große Koalition, die für das geliebte Tier in die Bresche springt. »Knautschke soll in Kaulsdorf erhalten bleiben«, verkündet der SPD-Bezirksverordnete Sven Kohlmeier. Und die Grünen pflichten ihm bei: »Wir wollen sichergehen, dass Knautsche erhalten bleibt.« Doch die Zukunft des Biotops, in dem Knautschke seit Jahrzehnten lebt, ist ungewiss – seit 2002, jenem Jahr, in dem das Kaulsdorfer Wernerbad endgültig seine Pforten schloss.

Von der Natur zurückerobert: Das Wernerbad gleicht heute einem Tümpel

Wer hier rutscht, landet hart: Relikt aus besseren Zeiten

Wer Knautschke heute über den Rücken streicheln möchte, fühlt sich fast wie ein Großwildjäger. Ein beschwerlicher Weg führt durch hohes Röhricht, in dem im Sommer bissige Insekten lauern. Wer dem lästigen Getier entgehen möchte, kann den Weg durch morastigen Grund wählen. Dort indes läuft man Gefahr, mit den Schuhen knöcheltief im Schlamm zu versinken. Erreicht man sein Ziel trotz allen Ungemachs, kann man dem friedvollen Großsäuger aus nächster Nähe ins weit aufgerissene Maul knipsen. Dabei kann man auch das Moos bewundern, das um die mächtigen Zähne des Flusspferds wuchert. Eine artgerechte Zahnhygiene anzumahnen versäumte der Stadtverordnete in seinem Antrag.

Widerstand würde Knautschke sicher nicht leisten. Denn er steht regungs- und teilnahmslos an seinem Platz – und dies schon seit den späten 1950er-Jahren. Wenige Jahre nach dem Zweiten Weltkrieg wurde er für das damals neu gestaltete Wernerbad geschaffen. Die Kunst am Bad war Bestandteil eines Gesamtkonzepts, das aus einem naturnahen Badesee eine richtige Badeanstalt machte.

Vorige Doppelseite: Nilpferd Knautschke ist beliebt wie eh und je

Ein halbes Jahrhundert zuvor, 1905, öffnete das »Freibad Wernersee« seine Pforten. Der Name hatte keinerlei historischen Bezug – vielmehr verewigte sich der Gründer höchstselbst mit ihm: Wilhelm Werner. Er hatte bereits 1901 an einem bestehenden Teich namens Achtrutenpfuhl eine Gaststätte eröffnet und ihr den etwas hochtrabenden Namen »Badeschlösschen« verliehen. Mit dieser Namensgebung begab sich Werner allerdings auf juristisches Glatteis, denn indirekt ermunterte er ja dazu, den Teich als Badesee zu nutzen. Das Baden in freien Gewässern aber war in Berlin seinerzeit verboten. Die Aufrüstung des Teichs zum Schwimmbad vier Jahre später diente also der Legalisierung des bis dahin nur geduldeten Badevergnügens. Und dabei ließ sich Werner nicht lumpen: In hölzerne Umkleidekabinen investierte der Gastronom ebenso wie in eine Uferbefestigung und einen Bootssteg.

Die ehrwürdige Geschichte des Wernerbads – bereits in Betrieb, bevor 1907 am Wannsee oder 1912 am Müggelsee das amtlich legitimierte Baden begann – sieht man ihm heute nicht mehr an. Der Weg hinter dem rostigen Eingangstor ist voller Laub, der Kiosk verwüstet und vollgeschmiert, das Wasser im Becken brackig. Zwischen dem Braun des abgestandenen Wassers und dem Grün des wild wuchernden Bewuchses blitzt aber noch das klassische Schwimmbadblau hervor. Und auch diverse andere Requisiten erinnern daran, dass hier einmal eine Sportstätte war: die rot lackierten Einstiegsgeländer, ein

Aus den 50ern: Bunte Schwimmbadausstattung

paar Sprungblöcke und auch eine einsame Wasserrutsche. Mitten aus der trüben Brühe ragt ein bedeutungslos gewordenes Schild: »Nichtschwimmergrenze«. Aber wer hier noch zu baden wagt, dem ist diese Grenze vermutlich einerlei, und wie weit sich Nichtschwimmer wagen können, regelt ohnehin die Natur: Je nach Temperatur und Niederschlagsmenge ist mal mehr, mal weniger Wasser im Becken.

Doch auch wenn er nicht ins Becken steigt: Der heutige Besucher taucht in eine andere Zeit ein – eine Zeit, in der an »Erlebnisbäder« noch nicht zu denken war. Denn die Ausstattung des Wernerbads stammt noch aus den frühen DDR-Jahren. Nach Einstellung des Badebetriebs 1945 und Verfall der Anlage in den Folgejahren wurde deren Wiederaufbau für den sozialistischen Staat zum Prestigeprojekt: Die Erneuerung der für damalige Verhältnisse modernen Badeanstalt war Teil des »Nationalen Aufbauwerks« – einer DDR-weiten Initiative, bei der Freiwillige auch unentgeltlich an gemeinnützigen Projekten mitarbeiteten. Als Krönung des Kaulsdorfer Projekts gab es Kunst: Mitten im

Kunst am Bad

See, der jetzt ein Schwimmbad war, stand Nilpferd Knautschke. Und neben dem Kiosk begrüßen bis heute die steinernen Pinguine die selten gewordenen Besucher. Schöpfer beider Skulpturen war der Bildhauer Erwin Kobbert aus Mahlsdorf. In der Nähe seiner Heimat hat er mehrfach Spuren hinterlassen – so stammt auch das sowjetische Ehrenmal auf dem Parkfriedhof in Marzahn von ihm.

Die Ruhe im Freibad kehrte 2002 ein. Das Bezirksamt schloss die traditionsreiche Badeanstalt – aus hygienischen Gründen. 2009 wurde sie an die Berliner Bäderbetriebe überschrieben. Die Begeisterung dort hielt sich in Grenzen. Über eine halbe Million Euro hätten alleine die dringendsten technischen Maßnahmen gekostet. Bis 2018 gab es Pläne, auf dem Gelände ein Heim für Demenzkranke zu errichten. Diese hätten den Blick aufs Wasser genießen können. Und natürlich Knautschke. Seitdem dieses Projekt scheiterte, ist von einer Renaturierung die Rede. Die Becken sollen verschwinden, das Wernerbad soll wieder zum See werden. Knautschke wird dann hoffentlich bleiben dürfen.

Verfasst 2017. Im Herbst 2018 begannen die Renaturierungsarbeiten im Wernerbad. Die betonierten Beckenumfassungen wurden entfernt. Über die weitere Nutzung des Geländes wird noch debattiert.

Der Kühlschrank der Weltstadt

Eisfabrik Kreuzberg

Es gab eine Welt vor der H-Milch. Es gab eine Welt vor dem Schmelz-
käse in Scheiben. Es gab eine Welt vor dem pasteurisierten Joghurt. Und
es gab eine Welt vor dem Kühlschrank. Doch Eis gab es schon immer.
Aber Eis schmolz. Es sei denn, man mauerte es ein. In Kühlräumen, umgeben von dicken Wänden aus Backstein und Isolierungen aus teerge-
tränkten Korkplatten. Hier erstreckten sie sich über fünf Stockwerke.
Direkt an der Spree, deren Wasser nur an extrem kalten Wintertagen zu
Eis wird.

Die Kühlräume sind noch da. Gerade noch. Denn der Abriss hat schon
begonnen. Reste der Korkplatten liegen auf dem Gang. Und die Zeiger
der Thermometer sind festgerostet. Bei minus 16 Grad. Dort verharren
sie. Wie die Tachonadel eines Autos nach dem Crash. Ein Wrack ist auch
das alte Kühlhaus. Die Fenster sind eingeschlagen, die Türen mit Brettern verbarrikadiert, die Technik ohne Funktion. Nur im Innenhof ist es
bunt. In nächster Nähe zur illustren Köpenicker Straße entstanden hier
zig laufende Meter Graffiti auf Backsteinmauern, die ein weiteres Mal

Reste aus einer anderen Zeit: In den Kühlhäusern der Eisfabrik

Stoff für die spannende Diskussion geben, wie weit sich Urban Art und der Schutz historischer Architektur vertragen.

Als die Gebäude errichtet wurden, hatte die Architektur klar Vorrang. Sie sollte repräsentativ sein. Vor allem beim 1913/14 errichteten Maschinenhaus gaben sich die Architekten Mühe: Sie krönten es mit einem neoklassizistischen Giebel, dessen Ziegelornamente zugleich Anklänge an die frühe Moderne zeigen. Bis heute prägt der Komplex das Spreeufer. Wer mit der S-Bahn von der Jannowitzbrücke zum Ostbahnhof fährt, kann ihn kaum übersehen.

Über Jahrzehnte stand hier der Kühlschrank Berlins. 1896 ließ die Norddeutsche Eiswerke AG die ersten Kühlhäuser errichten, bald darauf das Maschinenhaus und mit ihm eine Wundermaschine: ein Monstrum aus Kesseln, Rohren, Schwungrädern und großen Becken, das Eis erzeugte. Namen von Industriepionieren wie Carl von Linde und Rudolf Diesel schmücken die Geschichte der Erfindung. Und ein Molkereibesitzer namens Carl Bolle sah nun eine Alternative zum Natureis, das noch ein paar Jahre zuvor Winter für Winter mühsam aus der Rummelsburger Bucht gebrochen

Schattenspiele in den Gängen der Kühlhäuser

werden musste. Der Durst der Weltstadt nach Milch, ihr Appetit auf Butter und Joghurt wuchsen von Jahr zu Jahr. Jetzt konnten die verderblichen Produkte industriell gekühlt werden – mit Eis aus Kreuzberg. Denn für einzelne Molkereien waren die Maschinen zu teuer und natürlich zu groß. Für Privathaushalte erst recht. In den Genuss der Kühlhäuser kamen aber auch sie, denn fächerweise wurden die Kühlkammern vermietet. »Sogar zwei einzelne Hasen, die man im Dezember von der Jagd mitbringt, kann man in das Kühlhaus hängen«, schwärmte im Jahr 1902 der

Vorige Doppelseite: Der Antrieb des Lastenaufzugs steht schon lange still

Autor einer Fachzeitschrift. Dank Kühlhaus könne man sie dann bei der Geburtstagsfeier im Juli »den überraschten Gästen vorsetzen«. Ob Butter oder Eier, ob Wild, Fisch oder frische Schnittblumen – für alles gab es ein Kühlfach im XXL-Format. Auch exklusiveres Lagergut fand sich: »Am Tage meines Besuches«, so schrieb der Autor beeindruckt, »war allein für eine dreiviertel Million Mark Kaviar vorhanden.«

Die Ära des Kreuzberger Kühlhauses endete 1995. Die Eismaschine steht schon seit 1991 still. Das Aus kam in Etappen: Schon 1952 – die Eisfabrik hieß jetzt VEB Kühlhaus Süd-Ost – wurde die Produktion von einstmals 240 auf 120 Tonnen pro Jahr heruntergefahren, bis 1962 schmolz die Menge auf 60 Jahrestonnen da-

Repräsentativ gebaut: Das Maschinenhaus

hin. Einen Restbedarf an Stangeneis, hergestellt mit der Technik von Carl von Linde und Rudolf Diesel, gab es aber immer noch. Obwohl die DDR Kühlschränke der Marke Foron produzierte und ein Werk namens VEB Kühlautomat Berlin im Portfolio hatte.

Das Eis, das heute in den Berliner Bars in Cocktails und Longdrinks landet, kommt schon lange nicht mehr aus Kreuzberg. Dafür entbrannten schon kurz nach der Wiedervereinigung heiße Debatten um die Eisfabrik. Der ewige Kampf von Klein gegen Groß begann. Da waren die Arbeiter, die ihre Fabrik selbst verwalten und auf diese Weise retten wollten. Da sind die Architekten, die von Glaspalästen mit Spreeblick träumten. Da sind die Projektentwickler von der TLG Immobilien, die einen weiteren Mosaikstein zum Mediaspree-Projekt hinzufügen wollten. Da sind noch immer die Mieter in den Vorderhäusern, die ihren günstigen Wohnraum behalten wollen. Und da ist die Initiative, die seit Jahren um den Erhalt der denkmalgeschützten Industriegebäude kämpft und auch Unterstützung vom Bund Deutscher Architekten bekommt. Schließlich zählen die Hochkühlhäuser zu den letzten ihrer Art weltweit.

Zum Tag des offenen Denkmals öffnen sich regelmäßig die sonst verschlossenen Tore des Geländes. Den Rest des Jahres ist es in den Kühlhäusern still, leer und dunkel. Im Lichtkegel der Taschenlampe sieht man die verrotteten Reste der Treppen, auf denen die Arbeiter einst von Kühlraum zu Kühlraum eilten. Der Aufzug für die Eisstangen hält sich nur mit letzter Kraft an den Drahtseilen. In einem Mauerwinkel rostet ein Waschbecken vor sich hin. Und im obersten Stockwerk tropft das Wasser durch das undichte Dach. Im nächsten Winter wird es zu Eis – auch ohne Kühlung. Doch dann werden die Kühlhäuser wohl nicht mehr stehen. Auch wenn sich Politiker wie Wolfgang Thierse für ihren Erhalt einsetzten.

Staub und Rost: Ein Becken ohne Wasser

Und die Eismaschine? Bis vor Kurzem stand sie noch da. Ein paar Meter vom Spreeufer entfernt, unter dem mächtigen Giebel, hinter den hohen Backsteinmauern. Inzwischen ist sie verschwunden. Während die Kühlhäuser fallen sollen, wird das Maschinenhaus saniert. Raum für Kunst und Kreative soll hier entstehen. Einige sind allerdings schon ungefragt gekommen und haben Schwungräder, Rohre und Becken in eine schrillbunte Installation verwandelt. Und der Dampfkessel, der die ganze Anlage einst mit Energie versorgte, erstrahlte plötzlich in hellem, kaltem Weiß. Weiß wie Eis.

Verfasst 2009. 2010 wurden die denkmalgeschützten Kühlhäuser abgerissen. In den verbliebenen Gebäuden lebten über mehrere Jahre Obdachlose aus Osteuropa. Mittlerweile entstehen auf dem Gelände Wohnungen.

Das Ohr der Kalten Krieger

American Field Station Teufelsberg

Es ist ein Klang, der den Kopf dröhnen lässt. Der Schritt eines Turn-schuhs auf kahlem Beton – er klingt wie der Tritt eines Sauriers. Ein Räuspern in der trockenen Luft – das Husten eines Riesen. Das Klicken einer Kamera – als ob sich gleich eine monströse Maschine in Bewegung setzt. Es ist der Sound des Kalten Kriegs. Es ist der Sound des Teufelsbergs.

Hunderte von weißen Dreiecken bilden eine Kuppel. Und keine zwei Dreiecke sind identisch. Es wirkt wie das Ergebnis einer geometrischen Fleißarbeit: Unzählige Varianten dieser geometrischen Grundform sind zu zeichnen. Vorgabe: Kein gleichschenkliges, kein gleichseitiges und schon gar kein rechtwink-liges Dreieck darf dabei sein. Der Satz des Pythago-ras ist außer Kraft gesetzt.

Golfball XXL: Radom des US-Horchpostens

Denn dort, 114,7 Meter über dem Meeresspiegel, galt über Jahrzehnte ein anderes Gesetz: Hören, ohne gehört zu werden. Und die fünf gigantischen Kuppeln waren Teil des Systems. Ei-nes Systems, mit dem die National Security Agency (NSA) nach offizieller Les-art den Luftraum in Rich-tung Osten überwachte.

Beim Luftraum blieb es natürlich nicht. Zwar richtete sich das Augen-merk der NSA-Experten damals noch nicht auf das Handy einer deut-schen Kanzlerin, gründliche Blicke auf das Treiben der Deutschen in Ost und West warf die NSA dennoch. Der Gegenseite entging das natürlich nicht. Und so wurde der Teufelsberg zum Ort zahlreicher höchst realer

Blick über Berlin: Aus den Hallen sollten Apartments werden

Spionage-Geschichten, wie sie sonst nur Kriminalschriftsteller ersinnen. Zum Beispiel der Geschichte vom türkischen Automechaniker, der die Chevys und Oldsmobiles der Amerikaner wartete, nebenher aber auch fotokopierte Dokumente in einer präparierten Sporttasche zur Stasi transportierte.

Die Öffentlichkeit erfuhr von alledem erst sehr viel später. Denn als die NSA vom Teufelsberg aus spionierte, gab es noch kein Wikileaks. Und als die USA ihren Horchposten 1992 aufgaben, war der Whistle-blower Edward Snowden gerade mal neun Jahre alt. Seither blicken vom Teufelsberg aus nur noch Ruinenbesucher auf Berlin. Ein steiler Weg durch dunkle Treppenhäuser führt nach oben. Vom Flachdach der Be-tonbauten aus kann man das Panorama genießen.

Der prächtige Blick ist das unfreiwillige Ergebnis eines ganz anderen Projekts: Denn dort, wo während des Kalten Kriegs die NSA spionierte, plante einige Jahrzehnte zuvor der NS-Architekt Hans Malwitz die Wehrtechnische Fakultät. Eine Kaderschmiede für die künftige Elite der Wehrmacht sollte es werden. In Albert Speers »Germania«-Plänen hatte sie ihren festen Platz. Hitler persönlich legte 1937 den Grundstein. Die ersten Rohbauten standen bereits, als die vermeintliche Welthauptstadt im Bombenhagel versank.

Etwas später war der Bauruine im Grunewald das gleiche Schicksal beschieden wie Speers Reichskanzlei: Sie wurde eingeebnet. Und der Geist der Teufel sollte niemals wiedererstehen. Deshalb wurden über den Resten der Militärhochschule die Trümmer der zerbombten Reichshauptstadt aufgehäuft: Aus Millionen Kubikmetern Schutt wurde der Teufelsberg. Knapp 120 Meter ragt er über den Meeresspiegel.

An der höchsten Stelle triumphiert nun der Verfall: Die Dreiecke der Kuppeln sind zerrissen. Graffiti zerschneiden den weißen Grund. Ein stählerner Türrahmen steht allein und surreal zwischen den Golfbällen im XXL-Format. Und was von Weitem so ätherisch-außerirdisch wirkt, entpuppt sich aus der Nähe als Kunststofffolie auf Pressspan. Die Kulissen eines Low-Budget-Remakes von »Raumschiff Enterprise« könnten nicht schäbiger wirken. Statt Hightech aus der frühen IBM-Ära rascheln Alu-Grillschalen im Wind – Spuren illegaler Partys am geheimnisvollen Ort. In den Hallen unter den Kuppeln sind die Böden aufgerissen. Hier flimmern keine Monitore mehr im grün-schwarzen Design der 1980er-Jahre. Dafür freuen sich Recycling-Experten aus Osteuropa über Kilometer an Kupferdraht, die der Ex-Klassenfeind am Teufelsberg zurückließ.

Lack auf Ytong: Reste der Musterwohnung

Zu den Kupferdieben kamen die Vandalen. Die machten auch vor einem gescheiterten Traum der 1990er-Jahre nicht halt. Appartements mit unverbaubarem Blick im gediegenen Bezirk Wilmersdorf wollte ein Investor dort anbieten – ein Renditeobjekt der Extraklasse. Mit viel Sinn für Geschmack wurden auch schon edle Parkettböden und

Folgende Doppelseite: Von den Hightech-Geräten blieben nur die Betonsockel

stilvolle Badezimmerfliesen verlegt. Doch aus der Musterwohnung wurde ein Muster ohne Wert. Erst kamen Behördenprobleme, Baustopp und Insolvenz, dann die ungebetenen Besucher. Im Internet präsentierten sie stolz ihr Zerstörungswerk, warfen vor laufender Kamera Badewannen und Waschbecken in die Tiefe und gaben dem Youtube-Clip einen trendigen Namen, der Maßstäbe für eine neue Sportart setzen könnte: »Extreme Garbage Throwing«, Müllweitwurf.

Nacht über Berlin: Blick vom Teufelsberg

Während die Gebäude immer stärker zerfallen, wird die Forderung nach Denkmalschutz immer lauter. Schließlich seien die Gebäude wichtige Zeugnisse der Berliner Nachkriegsgeschichte. NSA-Veteranen sammelten Geld für eine Gedenktafel. Unterdessen rücken immer wieder Kamerateams an: Ob »Tatort« oder Vampir-Thriller – der Drehort ist multifunktional.

Seither herrscht wieder Ruhe auf dem Teufelsberg. Ein Ort der Geheimnisse und Mythen ist er geblieben. Die immer noch tief unter den Trümmern erhaltenen Bunkerreste der Wehrtechnischen Fakultät beflügeln die Fantasie von Schatzsuchern. Liegen hier möglicherweise Reste des Bernsteinzimmers? Oder Hitlers echte Tagebücher? Vielleicht war es ja der Geist des Ortes, der den Regisseur David Lynch zu dem Plan beflügelte, hier eine Universität für transzendentale Meditation einzurichten. Doch auch dieses Projekt versank wieder in der Tiefe. Es hallt höchstens in der Erinnerung noch nach. Wie jeder Schritt. Jedes Räuspern. Und jeder Kameraklick unter den Kuppeln des Teufelsbergs.

Verfasst 2012. Mehrere Jahre war das Gelände an einen Kunstverein verpachtet, der unter anderem eine Graffiti-Galerie ins Leben rief. Der derzeitige Pächter bietet regelmäßig Führungen über das mittlerweile gut abgesicherte Gelände an.

Die Klinik mit Kuhstall

Kinderkrankenhaus Weißensee

Der Verfall hat seine ganz eigenen Farben. Das düstere Grau verwitterter Fassaden. Das frische Grün des auf verfaulten Holzböden gedeihenden Mooses. Das dunkle Braun vermodernder Balken. Das helle Grau dicker Staubschichten, die sich auf Möbeln, Dielen oder zurückgelassenen Maschinen ablagern. Es sind Naturfarben – unverfälscht und ursprünglich. Schließlich ist der Verfall nichts anderes als die Rückeroberung einst vom Menschen gestalteter Räume durch die Natur. In Weißensee allerdings ist alles anders – genauer gesagt, im ehemaligen Kinderkrankenhaus an der Hansastraße. Hier kommt der Verfall knallbunt daher. Er ist blutig rot oder grell gelb, kitschig rosa oder tiefblau. Er wirkt mal anarchisch, mal psyche-delisch. Denn seit Jahren dienen die zerschundenen Wände der einstigen Klinik einer ganzen Generation von Graffiti-Sprayern als Experimentierfeld. Und so zerfallen, wie das Haus ist, gewinnt man den Eindruck, dass es nur noch von den bunten Farben zusammengehalten wird. Die Zahl der hier verbrauchten Spraydosen dürfte in die Tausende gehen.

Aller Buntheit zum Trotz strahlt das Gebäude seinen ganz eigenen Grusel aus. Verlassene Krankenhäuser wirken zwar fast immer

Ruinös: Mittelbau der Kinderklinik

Knallbunt: Legionen von Sprayern haben sich in dem Krankenhaus ausgetobt

bedrohlich – eine lange Reihe von Klinik-Horrorfilmen hat ihre Spuren in unserem kollektiven Bewusstsein hinterlassen. In Weißensee aber erzeugt die Schwere der zerfallenen Gründerzeitbauten eine besonders bedrückende Stimmung. Statt des Charmes, der oft von maroden Bauwerken ausgeht, findet man hier nur Zerstörung und Tristesse.

Zum mulmigen Gefühl tragen auch die Geschichten bei, die über die Kinderklinik kursieren. Mal zog sich ein amerikanischer Fotograf, unter dem der morsche Boden nachgab, schwere Knochenbrüche zu. Ein anderes Mal wurden Hobbyforscher durch eine osteuropäische Bande, die sich in der Ruine eingenistet hatte, um ihre Fotoausrüstung erleichtert, die den Wert eines Kleinwagens hatte. Auch die Gruppen in Tarnfleck gewandeter Paintballspieler, die über das Gelände huschen, wirken nicht gerade vertrauenerweckend. So macht der Ort, der einst als »Milchkuranstalt« fungierte, heute einen recht bedrohlichen Eindruck. Das mag dazu beigetragen haben, dass das ehemalige Krankenhaus zu Berlins bekanntesten Ruinen gehört. Ein Reiseführer empfiehlt es trotz des zweifelhaften Rufes als »Ruine für Einsteiger«.

Um den Einstieg in eine neue Ära ging es, als die Klinik gegründet wurde. Im März 1908 beschloss die Vertretung der damals noch selbstständigen Gemeinde Weißensee den Bau des Säuglings- und Kinderkrankenhauses. Als erstes in kommunaler Regie betriebenes Spezialkrankenhaus für Kinder in ganz Preußen war es ein Novum. Die Gemeindeväter dachten dabei strategisch: Weißensee sollte Stadt werden – daher wollte man mit einer vorbildlichen Infrastruktur unter Beweis stellen, dass man dieser Bedeutung gerecht wurde. Allen Mühen zum Trotz lehnte der zuständige Landrat den Wunsch der Weißenseer ab. Doch 1920 hatte sich das Thema ohnehin erledigt: Durch das »Groß-Berlin-Gesetz« wurde Weißensee zu einem Bezirk der Reichshauptstadt.

Ungeachtet der gescheiterten kommunalpolitischen Ambitionen genoss die 1911 feierlich eröffnete Klinik einen hervorragenden Ruf. Da sie von der Kommune betrieben wurde, profitierten von ihr auch die weniger begüterten Einwohner. Zum Pionier aber wurde sie vor allem dadurch, dass sie bereits einen Ansatz verfolgte, den man heute, sofern man kein Anhänger veganer Ernährung ist, als nachhaltig und ganzheitlich bezeichnen würde. Da damals noch viele Kinder und deren Mütter unter den Folgen miserabler Ernährung litten, setzte man in Weißensee auf eiweißreiche Kost mit einem hohen Anteil von Milchprodukten. Da die Klinik Letztere selbst erzeugte, nannte

Rest von Klinikatmosphäre: Gefliester Raum

sie sich auch Milchkuranstalt. Neben Patientenzimmern und Behandlungsräumen gehörten auch ein Stall für 38 Kühe sowie eine hauseigene Molkerei zum Ensemble. Die war so erfolgreich, dass gleich noch die Umgebung mit Milch, Käse, Kefir und Molke beliefert wurde. Und da auch frische Luft das Wohlbefinden steigern kann, bekam die Klinik einen

Folgende Doppelseite: Die Weißenseer Ruine mutierte zur Graffiti-Galerie

weitläufigen Park spendiert. Die Fachwelt war begeistert. Als im Jahr der Klinikeröffnung der III. Internationale Kongress für Säuglingsschutz in Berlin tagte, wurde die Weißenseer Klinik dort stolz als eine beispielhafte Einrichtung präsentiert.

Dass die Ruine in der Hansastraße einmal etwas Besonderes war, kann man – aller Verwüstung zum Trotz – nach wie vor erkennen. Mag die

Zum Monstermaul geworden: Durchgangstür

Fassade auch grau, versprüht und bröckelig sein: Das von Gemeindebaurat Carl James Bühring entworfene Hauptgebäude mit seinem runden Mittelbau wirkt bis heute imposant. Die Inschrift an der Fassade hat zwar einige ihrer Buchstaben verloren, doch unschwer lässt sich noch zwischen eingeschlagenen Fenstern entziffern: »Säuglings-Kinderkrankenhaus«.

Als solches wurde es auch in der DDR-Zeit geführt, noch kurz vor der friedlichen Revolution kam ein neues Bettenhaus hinzu. Das Ende für das traditionsreiche Haus nahte erst, als in den 1990er-Jahren an der Schönstraße eine neue Klinik entstand – Kinderabteilung inklusive. Ein separates Kinderkrankenhaus wurde damit obsolet, Ende 1996 verließen die letzten Patienten die Einrichtung an der Hansastraße.

Besseres kam nicht nach – im Gegenteil. 2005 ließ sich der Liegenschaftsfonds dazu hinreißen, das Objekt einer deutsch-russischen Gesellschaft zu verkaufen, die dort mit Radiowellen Aids heilen wollte. Den Beweis, dass dies funktionieren kann, erbrachten die Investoren nie. Sie ließen das Gebäude verfallen. Statt neuer Patienten kamen nur noch die Sprayer – und ein paar andere unliebsame Gäste.

Verfasst 2015. Im Herbst 2018 wurde das Grundstück vom insolventen Investor an das Land Berlin rückübertragen. Es gibt erste Ideen für eine Schule sowie Wohnungen. Das Gelände wurde mittlerweile gesichert.

Das zerstörte Paradies

Freizeitbad Blub

Es war eine Insel auf der Insel im roten Meer. Ein ideales Nahziel an den Wochenenden oder in den Ferien. Für jene Tage, an denen den West-Berlinern besonders schmerzlich bewusst wurde, dass ihre Freiheit schon am Wannsee endete. Bereits das Havelland oder der Spreewald waren unerreichbar, sodass das kleine Fernweh zwischendurch im Stadtgebiet gestillt werden musste. Auf künstlichen Inseln und unter Topfpalmen. In Grotten und Kanälen aus Beton. Neben Findlingen aus der Schorfheide und Bruchstein aus den Karpaten. Und mit bunten Keramikmustern an Betonsäulen. Auf über 30 000 Quadratmetern Fläche hatten die Architekten des Essener Büros Genheimer und Partner ihr künstliches Paradies geschaffen: das »Berliner Luft- und Badeparadies«, kurz Blub.

Brackig-braune Brühe: Außenbecken des einstigen Badeparadieses

Trockengelegt: Die künstlichen Grotten im Erlebnisbereich

Die letzten Badegäste sind schon längst aus diesem Paradies vertrieben worden. Seit Februar 2005 ist das Bad geschlossen. Und rund zehn Jahre Leerstand reichten aus, um das Paradies zu zerstören. Die Fliesen der Becken sind vollgesprüht und verschmiert. In den leeren Bassins stapeln sich Müll und Trümmer. Der Boden ist mit Scherben übersät. Nur der Geruch von Chlor hängt noch immer in der Luft. Eine letzte Erinnerung an die Zeiten, in denen man sich hier sonnte und saunierte, badete und schwamm.

Heute schwimmt nur noch eine Badeliege im Außenbecken. Ein Bild wie aus der Hollywood-Komödie »Hangover«: Katerstimmung am Morgen nach der kollektiven Entgleisung. Doch der Liegestuhl treibt nicht im frisch gechlorten Poolwasser eines amerikanischen Edelresorts, sondern in brackig-brauner Brühe im Neuköllner Ortsteil Britz. Hier würde auch im Zustand fortgeschrittenen Kontrollverlusts niemand mehr freiwillig baden gehen.

Dabei war das Blub zwanzig Jahre lang eine Berliner Institution in Sachen Sport und Freizeit. 1985 eröffnete es an der Buschkrugallee. 44 Millionen Mark hatte die private Blub Badeparadies GmbH inves-

Vorige Doppelseite: Im Eisbecken kann man sich nicht mehr abkühlen

tiert – neun Millionen Mark davon kamen vom Senat in Form eines zins-
losen Darlehens. Denn mit dem Blub wurde in der Berliner Bäderland-
schaft eine Lücke geschlossen: ein echtes Spaßbad mit Wildwasserkanal
und Riesenrutsche, mit Wellenbecken und Solebad, mit Saunagarten und
Wasserspielplatz. Noch heute hätte das Blub eine Ausnahmestellung,
denn das Angebot an Freizeit- und Vergnügungsbädern in der Hauptstadt ist eher knapp. Zwar sind die öffentlich-rechtlichen Berliner
Bäderbetriebe (BBB) mit über sechzig Objekten Europas größter Betreiber
von Schwimmbädern, doch bei den meisten handelt es sich um Freibäder
oder klassische Schwimmhallen. Unter ihnen befinden sich architektoni-
sche Kostbarkeiten wie die historischen Stadtbäder in Neukölln, Char-
lottenburg oder Mitte, aber auch zahlreiche Badeanstalten, bei denen
die Betonung eher auf »Anstalt« liegt. Bäder mit dem Prädikat »freizeit-
orientiert« indes befinden sich nur vier im Portfolio der BBB. Für eine
Millionenstadt ist das eine
geringe Anzahl – die allerdings auch den Steuerzah-
ler schont.

  Denn dass Freizeitbäder
keine Goldgruben sind,
mussten auch die Blub-
Betreiber schmerzlich erleben. Trotz Disco-Schwim-
men mit Lasershow und
flotter Werbesprüche wie
»Berlin blubst vor Vergnü-
gen« sank die Zahl der Be-
sucher kontinuierlich: von   *Gründlich zerstört: Der Saunabereich*
über 600000 im Eröff-
nungsjahr auf 330000 in 2001. Ob es an den Eintrittspreisen lag? Eine
zerbrochene Preistafel liegt noch heute am Beckenrand. 8,20 Euro kostete zuletzt das Ticket für anderthalb Stunden – nicht gerade ein Dum-
pingpreis. Am Ende hatte das Bad aber auch ein Problem mit seinem
Image: Jugendgangs erklärten es zu ihrem Revier, sodass ein Sicherheits-
dienst engagiert werden musste. 2002 gab es zudem Schwierigkeiten mit
der Hygiene: Durch die Öffnungen zwischen Außen- und Innenbecken
konnten nicht nur Erholung suchende Badegäste schwimmen, sondern

auch die Ratten vom Teltowkanal. Das Gesundheitsamt ließ Teile des Bades schließen. Die Insolvenz und die endgültige Schließung waren dann nur noch eine Frage der Zeit. Einzig die Saunalandschaft wurde noch bis 2013 betrieben.

Seither sind die großen Fensterfronten vernagelt. Nur noch fahles Licht dringt durch die Oberlichter in den drei großen Holzkuppeln. Die Reste der Riesenrutsche liegen verstreut auf dem Gelände, und zwischen Staub und Scherben finden sich Spuren aus verschiedenen Nutzungsperioden: ein vergessenes Taschenbuch und Kosmetikwerbung aus Bädertagen, Sterni-Kronkorken von späteren illegalen Ruinenpartys. Die Partygäste haben auch die Wegweiser umfunktioniert: Sie weisen jetzt nicht mehr nur in Richtung Sonnenliege und Rutsche, sondern auch

Orientierungsversuch: Wegweiser am Becken

zu entfernteren Sehnsuchtszielen – Sao Paulo, London, Tokio. In der Sauna-Landschaft haben sich kostenbewusste Heimwerker bedient: Duschen mit vollständigen Armaturen findet man keine mehr. Dafür grünen im Ruhegarten nach wie vor die Palmen und Zitronenbäume – ein beeindruckender Überlebenskampf der Natur.

Wie lange sie noch stehen bleiben dürfen, ist ungewiss. An eine Sanierung denkt heute niemand mehr. In einer Studie des Bezirks Neukölln ist jetzt von Wohnungsbau die Rede. 500 Familien könnten auf dem Gelände leben. Denn dass eine solche Fläche in guter Wohnlage ungenutzt vor sich hin modert, passt schlecht zur Situation auf dem Berliner Wohnungsmarkt. Die Stadt ist zwar keine Insel mehr, eng wird es trotzdem.

Verfasst 2014. Im Sommer 2016 wurden große Teile des Blub durch einen Brand zerstört. Jetzt sollen die letzten Ruinen abgerissen werden, um Platz für Wohnungen zu schaffen.

Der Plattenbau der Sehnsucht

Wohnheim Gehrenseestraße

Geometrisch, rational und alles nach Plan. Nach Plan produziert, nach Plan zusammengebaut. Nach Plan bewirtschaftet und belegt. Ein Plattenbau in der Gehrenseestraße in Hohenschönhausen. Ein Plattenbau im tiefsten Osten der Stadt. Ein Plattenbau, der seine Zukunft hinter sich hat und auf den Rückbau wartet.

Endlos lang sind die Korridore. Die meisten Türen fehlen. Zimmer reiht sich an Zimmer. Dazwischen die Reste von Gemeinschaftsbädern, Gemeinschaftsduschen, Gemeinschaftstoiletten und Gemeinschaftsküchen. Zerschlagenes Porzellan, zersplitterte Spiegel, zertrümmerte Armaturen. In einigen Räumen hängen noch kleine Ablagen, auf denen gerade mal eine Kochplatte Platz fand. Auf einem halben Quadratmeter plastebeschichteter Spanplatte köchelten hier Gerichte, die den Geruch der Heimat durch die langen Flure wehen ließen.

Innenhof: Wohnheim für Vertragsarbeiter

Denn die Bewohner des Plattenbaus in der Gehrenseestraße waren keine gebürtigen Berliner. Sie waren auch keine Thüringer oder Mecklenburger, die es in die Hauptstadt der DDR verschlagen hatte. Oder treue Genossen, die mit fließend Wasser und Zentralheizung aus den maroden Innenstadtquartieren an den Stadtrand gelockt worden waren. Hier lebten vielmehr Vertragsarbeiter, die ihr Glück in der DDR suchten. Sie kamen aus Vietnam, aus Angola, Mosambik und Kuba, denn das Leben im ostdeut-

schen Bruderstaat versprach ein bisschen mehr Wohlstand. Und so suchten auch Akademiker aus Asien oder Afrika ihr Glück im Gleisbau für
die Deutsche Reichsbahn. Doch die internationale Völkerfreundschaft
kannte ihre Grenzen – auch in Hohenschönhausen. Die Bewohner wurden überwacht, Kontakte mit Einheimischen waren untersagt. Von der

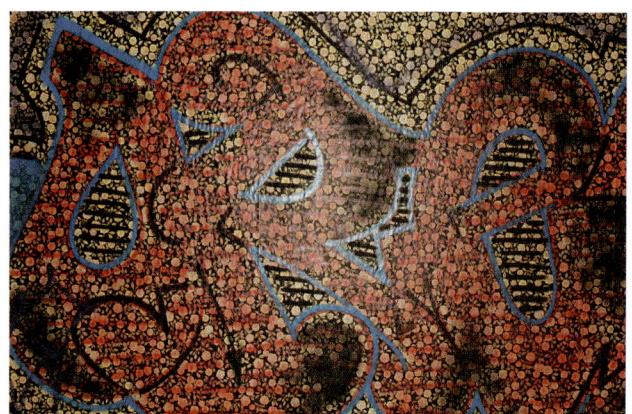 

Blümchen und Scherben: Seit 2003 verfällt das ehemalige Vertragsarbeiterheim

verglasten Pförtnerloge im Erdgeschoss aus wurde genau registriert, wer
das Haus besuchte, wer wann kam und wer wann ging. Und während
rundum die Scherben bei jedem Schritt knirschen, ist das Glas zum Über-
wachungsraum bis heute intakt.

Die letzten Bewohner verließen das Haus im Jahr 2003. Mittlerweile
sickert Wasser durch die Decke und bahnt sich durch das Treppenhaus
seinen Weg bis ganz nach unten. Auf dem Fußboden bilden sich kleine
Seen. Aus der Pfütze ragt eine Insel: die Reste einer Zimmertür.

Die letzte Fahrt des Aufzugs endete im obersten Stock. Dort hängt er
schief im Schacht. Vom Betreten wird dringend abgeraten. Der Wind
weht durch unzählige zerbrochene Scheiben, durch über tausend Räume mit je einem Fenster und einer Balkontür – einer Balkontür, hinter
der sich statt eines Balkons nur ein Gitter befindet. Denn die Bauherren
des Vertragsarbeiterheims griffen zwar auf die genormten Platten mit
Balkontür zurück, verzichteten aber auf die Balkons. Für die Gäste aus
den Bruderstaaten mussten die rund 15 Quadratmeter ohne Ausgang ins
Freie reichen. 15 Quadratmeter mit Blick auf den nächsten Plattenbau,

den Innenhof oder ein Gewerbegebiet. 15 Quadratmeter DDR. Der Staat ging, die von ihr geholten Menschen blieben – und mit ihnen die Enge in der Platte. Tristesse, Armut und die Angst vor Abschiebung bildeten in den 1990er-Jahren eine explosive Mischung. Aus Vertragsarbeitern ohne Perspektive wurden mitunter Verkäufer illegaler Zigaretten. Menschen ohne Aufenthaltserlaubnis versteckten sich in der Anonymität der tausend Wohnungen – so lange, bis die Behörden wieder Zugangskontrollen einführten. Die Freiheit der Nachwendejahre hatte in der Gehrenseestraße 1995 ihr Ende.

Wie lebte es sich in dieser Atmosphäre? An den fleckigen Wänden der Zimmer hängen die Reste hilfloser Versuche, etwas Individualität zu zaubern: grelle Tapeten, die heute einen surrealen Hintergrund für Graffiti bilden. Pin-up-Girls als stumme Zeuginnen der Einsamkeit. Starposter, die einen Hauch von Glamour in die Tristesse bringen sollten. Und der Titel auf einem Filmplakat mit Sean Penn und Jennifer Lopez sagt mehr als tausend Worte: »Kein Weg zurück«.

Auf dem überwucherten Hof liegen die Reste eines Stereokassettenrekorders. Mit zwei Tapedecks zum Kopieren kopierter Kopien. Daneben wuchert Gras aus den Betonritzen. Unvermittelt sticht ein Farbklecks aus den grauen Fassaden hervor. In seiner grellen Buntheit scheint er nichts an diesem Ort verloren zu haben: Knallblau und knallrot ist das Kinderklettergerüst lackiert. Seine Spanplatten werden langsam morsch. Die Holzbretter auf den

Kein Weg zurück: Das Plakat blieb

Sitzbänken am Rande des Spielplatzes sind bereits verschwunden. Hier saßen einmal Mütter, während ihre Kinder spielten. Auf dem bunten Gerüst im Tal der grauen Betonwände.

Folgende Doppelseite: Fast keine Scheibe des Plattenbaus blieb heil

Freizeit rustikal: Im Untergeschoss gab's eine Kneipe

Gemütlichkeit sieht anders aus. Das hatten auch die Betreiber der Kellerbar erkannt und den urdeutschen Begriff auf ihre Weise interpretiert. »Zur Kellerklause« steht in verschnörkelter Schrift an der Wand des Treppenhauses, und ein paar Meter weiter unten breitet sich die Gemütlichkeit in ihrer ganzen Brutalität aus: Lampen mit Butzenscheiben und dunkel gebeiztes Mobiliar. Altdeutsch rustikale Atmosphäre im Plattenbau – wer hier einkehrte, war zumindest ästhetisch im Westen angekommen. Aber das wollten ja irgendwie alle, die nach der friedlichen Revolution noch in der Gehrenseestraße lebten. Und das machten sie auch mit ihren Mitteln deutlich. An der Tür einer dunklen Kellerwohnung klebt ein Aufkleber, der mal für Zigaretten warb: »Ich hab den West-Test gemacht.« Wie der Test ausfiel? Auf jeden Fall klebt daneben ein Sticker mit einem mehr als deutlichen Bekenntnis: »CDU«.

Verfasst 2009. Über Jahre war der Komplex ein Sorgenkind des Bezirks. Obdachlose richteten sich dort ein, in kalten Wintern kam es zu Todesfällen. Mittlerweile gibt es Pläne, die Blocks abzureißen und ein neues Wohnquartier zu errichten.

Das Riesenrad im Ruhestand

Spreepark

Jedes Zeitalter schafft seine eigenen Ruinen. Und so hat inzwischen auch das Internet seine vergessenen Orte. Wenn man sie besuchen will, muss man nur die richtige Adresse eintippen. Zum Beispiel www.spreepark.de.

Holzschnittartiges Screendesign der späten 1990er-Jahre empfängt die Besucher. Überschriften im poppigen Word-Art-Look. Grob aufgelöste Bilder für die Generation Modem. Und weit und breit kein Verweis auf eine Präsenz bei Twitter, Facebook und Co. Im digitalen Nirwana ist die Seite hängen geblieben. Nur ein paar Bemerkungen wurden später noch eingefügt: »So sah der Park in seiner letzten Saison 2001 aus.« Und: »Alle Angaben zu Preisen usw. sind ungültig!!!« Das glaubt man sofort. Denn die Tarife werden in D-Mark angegeben. 29 Mark kostete die Tageskarte.

Trockengelegt: Die Wildwasserbahn im Spreepark

Knallbunt ist die digitale Welt des Spreeparks bis heute. Das reale Pendant zum vergessenen Ort im Internet ist dagegen ausgeblichen. Die einst saftig gelben Plastikboote der Grand-Canyon-Tour liegen zitronig bleich zwischen graubraunem Laub. Verwaschen ist das Blau der Klettergerüste. Und das Rot des Riesenrads hat eine rostige Patina angesetzt. Die ganze Anlage wirkt wie ein vergessenes Riesenspielzeug – irgendwo liegen gelassen und der Witterung ausgesetzt.

Dabei hat jedes der Relikte seine eigene Geschichte. Und diese Geschichten hätte sich kein Autor oder Drehbuchschreiber einfallen lassen können. Sie handeln vom kleinen Alltagsglück am Rande der Hauptstadt und von großen Träumen. Vom Kampf mit Behörden und der peruanischen Unterwelt. Es sind Lebensgeschichten, die tragisch verliefen und bis heute kein glückliches Ende gefunden haben.

Angefangen hatte alles ganz geordnet. 1969 erhielt die DDR ihren ersten und bis zum Ende der Republik einzigen Vergnügungspark. Doch da dieser Begriff reichlich westlich dekadent gewirkt hätte, bekam das Projekt den Namen »Kulturpark Plänterwald«. In der Nähe des Sowjetischen

Stillstand seit 2001: Das Riesenrad

Ehrenmals im Treptower Park war eine ganze Anlage zur Volksbildung und Unterhaltung geplant – Pavillons für Philatelisten waren ebenso vorgesehen wie Vorführstätten in Sachen Wehrkunde. Fertiggestellt wurde aber nur der Rummelplatz, der zum zwanzigjährigen Bestehen der DDR eingeweiht wurde. Während sich im Westen die Europa-Parks und Phantasialänder schon bald mit raffinierten Kunstlandschaften überboten, war das Ost-Pendant schlicht gehalten. Auf einer Asphaltfläche standen Buden und Karussells in Reih und Glied. Hauptattraktion

Bizarre Atmosphäre: Kunststoff-Saurier und Fahrgeschäfte ohne Publikum

Die schwimmenden Schwäne

schon damals: das Riesenrad.

Wie ein Mahnmal steht das Rad heute mitten zwischen den Ruinen. Umgeben von einem See aus brackigem Wasser. Wer in eine der Gondeln steigen möchte, muss schwimmen, denn die hölzernen Brücken sind zersägt, vermodert oder eingestürzt. Eine Kolonie von Riesenschwänen dümpelt im trüben Nass. Verliebte Paare haben sich schon lange nicht mehr in ihre Plastikleiber gezwängt, um eine romantische Fahrt auf künstlichen Kanälen zu genießen. Dafür kommen immer mehr Besucher, um die Romantik des Verfalls zu erleben. Bis Mitte 2014 werden sogar regelmäßige Führungen angeboten. Zwei Stunden Kindheitserinnerungen.

Dabei liegt das Ende des Parks noch gar nicht so lange zurück. Die Geschichte endete erst zwölf Jahre nach dem Mauerfall. Dafür waren diese Jahre umso turbulenter. Und nicht umsonst trägt ein Film über die Spreepark-Historie den Titel »Achterbahn«. Das erste Kapitel begann 1991. Nachdem der VEB Kulturpark Berlin abgewickelt worden war, bekam die Spreepark Berlin GmbH des Hamburger Schaustellers Norbert Witte den Zuschlag. Der investierte Millionen, um den Ost-Park auf Westniveau zu trimmen. Der Asphalt verschwand, Gärtner spielten ihr ganzes Können aus und legten Teiche, Bäche, Beete und Alleen an, neue Fahrgeschäfte kamen hinzu. Nur mit den Besucherzahlen klappte es nicht so richtig. Ob es an den fehlenden Parkplätzen lag? Die ließen sich jedenfalls nicht so einfach schaffen, denn das Grün des Plänterwaldes

Vorige Doppelseite: Der letzte Fahrgast blieb kopflos zurück

war mittlerweile Landschaftsschutzgebiet. Die Zeitungen füllten sich mit Geschichten über Schulden, Bürgschaften und Parteispenden. Am Ende stand die Insolvenz.

»Aus technischen Gründen geschlossen« steht noch heute auf dem Schild am vergitterten Eingang – eine elegante Umschreibung. Der Wind weht durch die zerbrochenen Fenster der Kassenhäuschen. Und auf den noch intakten Scheiben lösen sich die Reste alter Aufkleber ab. Stolz thront dort das Riesenrad, fröhliche Clowns winken dem Publikum zu. Ihre Gesichter sind ausgeblichen und wirken so trostlos wie der ganze Park: Eine Fabrik der guten Laune wurde zum Reich der Depression.

2002 verschiffte Schausteller Witte einen Teil der Fahrgeschäfte nach Peru. Aus dem Inventar des Spreeparks sollte dort der Lunapark werden. Doch auch diese Pläne scheiterten – und Witte packte wieder ein. Allerdings landeten in den Containern nicht nur zerlegte Attraktionen mit Namen wie »Butterfly« und »Fliegender Teppich«, sondern auch über hundert Kilo Kokain. Norbert Witte spricht von einer Aktion der perua-

Tasse leer: Auch das Geschirr-Karussell dreht sich nicht mehr

nischen Unterwelt. Das beeindruckte die deutsche Justiz wenig, Witte wurde zu sieben Jahren Haft verurteilt. Seinen Sohn traf es härter – er kam vor ein peruanisches Gericht. Das Urteil: Zwanzig Jahre Gefängnis.

Folgende Doppelseite: Relikte aus untergegangenen Welten

Schlagseite: Wie das Piratenschiff gerieten auch die Park-Bilanzen in Schieflage

Doch Norbert Witte wollte so schnell nicht aufgeben. Auf kleiner Flamme könne man den Freizeitpark doch wiederbeleben. Doch die Wiederbelebungspläne scheiterten. Denn auf dem Grundstück lasteten Schulden in zweistelliger Millionenhöhe. Also beließ man es dabei, Führungen anzubieten und das Gelände als Filmset zu vermieten. In zahlreichen Krimis und Fernsehspielen stolperten seither die Akteure zwischen Riesenrad und Sauriern umher. Alles dürfe man hier drehen, erklärte Wittes Tochter Sabrina – außer Pornos.

Im März 2014 jedoch endete die Ära Witte endgültig. Der Liegenschaftsfonds Berlin kaufte das Gelände zurück. Was daraus wird? Man will sich Zeit lassen. Die Reste von Wittes Reich werden aber vermutlich verschwinden. Dann bleiben nur noch Erinnerungen.

Verfasst 2010. 2016 übernahm die landeseigene Grün Berlin GmbH den Spreepark. Sie soll das Areal zu einem naturnahen Kultur- und Freizeitpark umgestalten und Attraktionen wie das Riesenrad wieder in Betrieb nehmen. Von März bis November werden Führungen angeboten.

Die Heimat der fliegenden Kisten

Luftverkehrsgesellschaft in Johannisthal

Wenn der Wind weht in Johannisthal, wird es gruselig. Unsichtbar streift er durch die leeren Hallen und lässt die Trümmer zum Musikinstrument werden. Zwar sind klappernde Türen in leer stehenden Gebäuden nichts Außergewöhnliches. Doch in den Ruinen der ehemaligen Fabrik in Johannisthal, einem Ortsteil von Treptow-Köpenick, hält der Wind noch ein paar besondere Soundeffekte bereit. Er streicht über die nutzlos gewordenen Metallstangen längst zerborstener Fensterfronten und bringt sie zum Vibrieren, zum Klingen. Der Schrott wird zu einer gigantischen Harfe. Das sonore Schnurren streicht durch Räume, deren kahle Betonwände sie zu riesigen Resonanzkörpern machen. Der Besucher erstarrt zunächst – und ist erleichtert, wenn er dem akustischen Rätsel auf den Grund gekommen ist. Die eigene Schreckhaftigkeit lässt ihn schmunzeln. Doch schon wieder erschrickt er. Woher kommen die Schläge, das laute Knallen, das an Schüsse denken lässt? Falls es tatsächlich Schüsse waren: Möchte man deren Urhebern auf diesem riesengroßen, verwahrlosten und verwinkelten Gelände

Am Segelfliegerdamm: Industriebrache

begegnen? Oder waren es gar keine Schüsse, war es nur ein weiteres Klangspiel im Wind?

Über zwanzig Jahre hatte das Areal am Segelfliegerdamm Zeit für die Metamorphose vom belebten Betriebsgelände zum unheimlichen Schrottareal. Sechs Jahre nach der Wiedervereinigung hatten sich die Tore zu

einem Gelände geschlossen, auf dem zwar zuletzt Kühltechnik produziert worden war, dessen Geschichte aber vor allem mit der »Luft-Verkehrs-Gesellschaft A.G.« (LVG) verbunden ist. Das Areal ist mit jener Ära verwoben, für den der Name Johannisthal steht: der Frühgeschichte der Fliegerei. Denn 1909 eröffnete direkt neben dem späteren Fabrikgelände Berlins erster – und Deutschlands zweiter – gewerblich betriebener

Biotop: Pflanzen in der Ruine

Flugplatz. Dass der »Motorflugplatz Johannisthal-Adlershof« in wenigen Wochen erbaut war, erscheint aus heutiger Sicht schier unglaublich.

Binnen kurzer Zeit wurden die bis dahin abgeschiedenen Dörfer Adlershof und Johannisthal zum Treffpunkt für Flugbegeisterte. Flugschauen zogen die Massen an, und wer in der Welt der Luftfahrt einen Namen hatte, war vor Ort: Pioniere wie die Gebrüder Wright waren ebenso auf der Anlage anzutreffen wie Anthony Fokker oder Melli Beese, die erste deutsche Frau mit einem Privatpilotenschein. Von ihr abgesehen, waren es die sprichwörtlichen tollkühnen Männer in ihren fliegenden Kisten, die diese geradezu mythische Phase der Luftfahrt prägten.

Viele der fliegenden Kisten wurden vor Ort produziert. Gleich mehrere Firmen, die wichtig werden sollten für die Geschichte der deutschen Fliegerei, hatten in Johannisthal ihren Sitz – darunter Rumpler, Siemens-Schuckert und die Flugzeugsparte der Benz Motoren AG. Und am Nordrand des Geländes siedelte sich 1912 die LVG an. Deren Gründer Arthur Müller hatte bereits 1910 ein Unternehmen ins Leben gerufen, das neben mutigen Passagieren auch fliegende Reklame in den Himmel über Berlin schickte. Weil die Geschäftsidee so gut einschlug, dass Flugzeuge knapp wurden, ging Müller mit der LVG kurzerhand selber unter die Flugzeug-

Vorige Doppelseite: Die Produktionsstätten verfallen zusehends

fabrikanten. Und da man die besten Geschäfte schon immer mit Kriegs-gerät machte, entwickelte die LVG ein Verfahren, mit dem man einen Flugzeugmotor mit einem Maschinengewehr synchronisieren konnte. Diese Erfindung revolutionierte im Ersten Weltkrieg den mörderischen Luftkampf und machte die LVG mit 5640 hergestellten Maschinen zum zweitgrößten Flugzeugproduzenten des Deutschen Reiches.

Dass sich ein Unternehmen mit einer solch zweifelhaften Erfolgsbilanz nach Inkrafttreten des Versailler Vertrages neu orientieren musste, liegt auf der Hand. Müller verabschiedete sich komplett von der Luftfahrt und beschränkte sich darauf, unter dem Namen »Arthur Müller Bauten und Industriewerke« (Ambi) seine Liegenschaften zu vermarkten: In den weitläufigen Ambi-Hallen wurden nun unter anderem Karosserieteile für Chrysler produziert und Waggons der Deutschen Reichsbahn repariert.

Die Weitläufigkeit des Geländes überwältigt noch heute. Es ist eine Stadt in der Stadt – ein eigenes Reich und zugleich eine Trutzburg des Verfalls. Während rundum schmucke Townhouses entstehen und sich in Adlershof die Protagonis-ten der Medienwelt ein Stelldichein geben, ist hin-ter den Zäunen der einsti-gen LVG-Hallen die Zeit stehengeblieben. Man fühlt sich in die unmittelbaren Jahre nach der Wiederver-einigung zurückversetzt, in der die Industrieareale im Osten Berlins durch-weg verrotteten. Während anderenorts später auch eher periphere Lagen zu begehrten Adressen wur-den, ließen sich am Segel-fliegerdamm wegen offener Eigentumsfragen jahrelang statt Projektentwicklern nur Graffiti-Künstler se-hen. Deren Schöpfungen

Gigantische Leere: Einstige Flugzeughalle

Verbreitet Endzeitstimmung: Graffito

waren bisweilen weitaus einfallsreicher, als weitere Rasterfassadenvariationen aus Sichtbeton es gewesen wären. Ganze Hallen wurden zu heimlichen Galerien. Doch mehrere Großbrände setzten dieser Ära ein Ende. Von einer verrußten Mauer schaut noch mit starrem Blick ein Kämpfer im Schutzanzug – wie der symbolhafte Bewohner einer postapokalyptischen Stadtlandschaft voller Trümmer und Müll.

Weitaus fröhlicher wirkt das Symbol, unter dem in der DDR-Zeit auf dem Gelände produziert wurde: ein Eisbär, der eine Weltkugel nebst Brandenburger Tor umfasst. Ab 1950 produzierte in den einstigen Flugzeughallen der VEB Kühlautomat Berlin. Hinter dem Namen verbarg sich ein Mischkonzern, der vor allem Kühlgeräte für Handel, Gewerbe, Gastronomie und Fischerei herstellte, aber auch Dieselmotoren für die Reichsbahn. Mit Produkten aus Johannisthal wurde frischer Ostseefisch ebenso gekühlt wie Bier in den HO-Kneipen.

Als Kühlautomat Berlin GmbH arbeitete man nach der Wiedervereinigung noch eine Weile weiter, danach sorgte die Treuhand für die Zerschlagung des Unternehmens. 1996 verließen die letzten Betriebsteile Johannisthal. Seither ist es still am Segelfliegerdamm – es sei denn, der Wind weht.

Verfasst 2019. Mittlerweile gibt es für das zwölf Hektar große Areal einen Bebauungsplan, der rund 1200 Wohnungen vorsieht.

Die gestrandete Schönheit

Ballhaus Riviera in Grünau

Ob sie rauschend war, weiß keiner mehr – aber es war die letzte Ballnacht. Was gespielt wurde, ist unbekannt – aber es war ein Abgesang. Wer anwesend war, ist nicht überliefert – aber es waren Trauergäste. Denn nach dem Ende der Feier, als das letzte Glas geleert und die letzte Zigarette geraucht war, fiel das Ballhaus in einen Dornröschenschlaf.

Der Schlaf dauert an – aber Dornröschen schläft schlecht. Es hat Flecke und Risse bekommen, es kämpft gegen den Verfall und die Zeit. Wind, Wetter und Vandalen beschleunigten die Alterung. Doch es kämpft mit Würde. Denn wahre Schönheit lässt sich nicht zerstören.

Und Schönheit hat der Saal des Ballhaus Riviera im Überfluss. Es ist der Glanz einer längst vergangenen Zeit. Einer Zeit voller Stuck,

Sterbende Schönheit: Der rote Ballsaal

Schnörkel und Zierrat. Kunsthistoriker werden vielleicht nörgeln, dass doch alles sehr »neo« sei – Neobarock, Neorenaissance und ein bißchen Neobyzantinik –, eine Orgie des Prunks, inszeniert, um glanzvollen Ereignissen noch mehr Glanz zu verleihen.

Vor dem inneren Auge zieht ein Film auf. Ein Film aus Zeiten, in denen elegante Kavaliere eleganten Damen den Hof machten. In denen Herren in Dreiteilern und mit dicken Zigarren an der Bar Geschäfte besprachen, während mondäne Schönheiten mit perlenbesetzten schmalen Hüten in lasziv inszenierter Langeweile an den Enden langer Zigarettenspitzen sogen. In denen die Kapelle swingte und walzerte und Sänger in schmetterndem Bariton proklamierten, dass die Nacht nicht allein zum Schlafen da sei.

Der Film vor dem inneren Auge ist in Schwarz-Weiß gedreht. Eigentlich schade – denn die ganze Pracht lässt sich so nicht erfassen. Auch die in sattem Rot gestrichene Decke mit den elfenbeinfarbenen Stuckornamenten hätte er nur grau in grau gezeigt. Das opulente Farbenspiel kann man bis heute bewundern. Aber der Rausch der Ballnacht ist verflogen. Der Duft exklusiver Parfüms und kunstvoll arrangierter Blumenbouquets ist dem Modergeruch gewichen. Moos wächst zwischen den geschnitzten Geländerbrüstungen. Die großen Rundbogenfenster sind ohne Glas. Und wer heute durch den Saal streift, wirft keinen Tänzerinnen in langen Kleidern verstohlene Blicke hinterher, begutachtet nicht den korrekten Sitz der Anzüge oder die Fingerfertigkeit des Geigers. Wer den Saal heute besucht, blickt besorgt in Richtung Decke, ob sich nicht wieder ein Brocken Stuck löst. Und wer einen energischen Tango aufs Parkett legen würde, müsste damit rechnen, samt dem morschen Tanzboden im Keller zu landen. Der Sturz würde in den Überresten der Küche enden. Nur im Schein der Taschenlampe sieht man noch die gigantischen Herde. Zwischen abgeschabten Wänden öffnen sich die Stahltüren, hinter denen einst die gut gekühlten Vorräte und erlesenen Weine gelagert wurden. Es ist feucht und still, und man braucht viel

Alte Bühnenbeleuchtung

Glamour à la DDR: Getränkekarte und Nachtbar

Fantasie, um sich vorzustellen, wie hier schwitzende Köche an dampfenden Kesseln raffinierte Menüs zauberten, während oben verwöhnte Gaumen auf die erlesenen Genüsse warteten.

Und die wurden dort über Jahrzehnte zubereitet. 1895 wurde das Ausflugslokal eingeweiht, 1898 das benachbarte Gesellschaftshaus mit dem großen Veranstaltungssaal. Ein paar Jahre später kam ein Palmengarten dazu, und Stück für Stück wurden die Räume und Säle im Innern verziert. Es war eine der besseren Adressen, und Musiker rühmten sich, dort gespielt zu haben. In einem abgeschiedenen Nebentrakt richtete sich sogar eine Freimaurerloge ihr eigenes Zimmer ein.

Auch zu DDR-Zeiten war der Saal mit seinem bürgerlichen Ambiente mehr als nur eine normale HO-Gaststätte. In den 1980er-Jahren wurde er zur Disco – und so zu einer idealen Adresse, um devisenträchtige Gäste aus dem kapitalistischen Ausland mal so richtig auszuführen.

So viel Luxus konnten sich die Einheimischen freilich nicht jeden Tag leisten. Irgendwo im Dunkel der Gänge liegt noch eine vergilbte Getränkekarte aus diesen Zeiten. Eine mondäne Dame, Typ Friedrichstadt-Palast, wirbt im Pop-Art-Design für Speisen und Getränke. Gereicht wurden sie zu Veranstaltungen, die unter dem Etikett »Jugendtanz« firmierten. Eine Flasche Rotkäppchen-Sekt kostete 18,50 Mark, den ungarischen Weiß-

Folgende Doppelseite: In mondänem Lila präsentiert sich die Garderobe

wein »Grauer Mönch« gab's für 11 Mark – stolze Preise, gemessen am Lohnniveau der Deutschen Demokratischen Republik. Immerhin: Das Schweinesteak mit Salatgarnitur schlug nur mit 2,85 Mark zu Buche.

Nach der Wende blieb die Küche kalt, und seither regt das Ballhaus weniger die Fantasien der Nachtschwärmer als die der Projektentwickler an. Doch die hatten weniger das historische Gebäude im Blick als die exquisite Lage mit Flussblick, die sich auch für ein Kongresshotel und hochwertige Wohnungen eignen würde. Das Denkmalamt legte sein Veto ein.

Der Saal des Gesellschaftshauses

Riviera wie auch Gesellschaftshaus verfallen seither weiter. Das Bezirksamt Treptow-Köpenick ordnete Ende 2013 Sicherungsmaßnahmen an – notfalls auch gegen den Willen der derzeitigen Eigentümerin. Das Schicksal der einst renommierten Lokalitäten ist inzwischen zum Politikum geworden. Auf Transparenten an ihren Balkonen machen sich einige Anlieger für deren Rettung stark. Und auf Unterschriftenlisten wird die Enteignung der Besitzerin gefordert.

Währenddessen schreitet der Verfall fort. Das Dach wird immer undichter – so es noch vorhanden ist. In der Nachtbar, wo noch vor ein paar Jahren verstaubte Gläser auf der Theke an ausgelassene Abende erinnerten, türmen sich die zerborstenen Balken des eingestürzten Dachs. Im Ballsaal liegt der Stuck in kiloschweren Brocken auf dem morschen Tanzboden. Der einstige Park überwuchert. Nur der Blick auf den Fluss ist immer noch der gleiche. An seinem Ufer liegt der einstige Vergnügungsdampfer. Gestrandet, vergessen – aber noch nicht abgewrackt.

Verfasst 2014. 2017 wurden Riviera und Gesellschaftshaus von einem Investor erworben, um in eine Seniorenwohnanlage integriert zu werden. Doch im Juli 2019 brannte das Gesellschaftshaus komplett aus.

Das Domizil der Dampflokomotiven

Rundlokschuppen in Pankow

Wie klingt die Großstadt? Da fallen einem zunächst die Geräusche der S-Bahn ein: das Rumpeln der Räder, das zischende Schließen der Türen, die Durchsage »Zurückbleiben bitte«. Und natürlich das Signal kurz vor der Abfahrt, die leicht heisere, elektronisch verzerrte Terz, das »Düüü – düüü – düüü«. Der Klang von Hektik und Betriebsamkeit. Aber hier, nur ein paar Meter von den Gleisen der S-Bahn-Linien 2 und 8 entfernt, ist man in einer anderen Welt. In der untergegangenen Welt der Dampfloks. Einer Welt, in der noch das Fauchen der Kessel den Ton angab.

Die Dampfloks sind verstummt, verschwunden, verschrottet. Geblieben ist nur ihr Geruch. Der Duft des Öls, das einst die Kolben und Zylinder am Laufen hielt. Und der Ruß, der noch an den Balken klebt.

Zeuge des späten 19. Jahrhunderts: Pankower Lokschuppen

Einer der letzten seiner Art: Rundlokschuppen mit 24 Stellplätzen

Wir stehen in einem imposanten Tempel der Technik, in dem einst die Maschinen untergestellt wurden, die seit dem 19. Jahrhundert die Lebensadern der wachsenden Großstadt pulsieren ließen.

Eine private Linie verband Berlin ab 1842 mit der Ostsee. 1880 übernahmen die Preußischen Staatseisenbahnen die Stettiner Bahn, und im selben Jahr bekam auch die erste größere Siedlung nahe der Hauptstadt einen eigenen Zughalt: das damals noch eigenständige Dorf Pankow. Einige Jahre später wurden die dortigen Bahnanlagen um einen großen Rangier- und Güterbahnhof erweitert. Und direkt neben den Gleisen der alten Stettiner Bahn

Kreisrund: Decke des Industriedenkmals

entstand 1893 das markanteste Gebäude des Ensembles: eine mächtige Rotunde aus Backstein, die von einem durchgehenden Lichtband und einer Kuppel gekrönt wird.

Der Pankower Rundlokschuppen war der letzte seiner Art, der in Deutschland gebaut wurde: ein vollständiger Kreis, komplett überdacht und geschlossen, mit einer mechanisch betriebenen Drehscheibe in der Mitte. Auf ihr wurden die Lokomotiven zu den 24 sternförmig angeordneten Stellplätzen bewegt. Später baute man sogenannte Ringlokschuppen: halbrunde Bauten mit einer Drehscheibe, die sich außerhalb des Gebäudes, unter freiem Himmel, befindet und meist deutlich größer ist. Da die Dampflokomotiven immer länger wurden, reichten die relativ kleinen Drehscheiben in den komplett überdachten Rundlokschuppen oft nicht mehr aus. Schon im frühen 20. Jahrhundert wurden daher viele von ihnen aufgegeben und abgerissen. Das Pankower Rundhaus ist eines von zweien, die es überhaupt noch in Deutschland gibt. Das zweite steht ebenfalls in Berlin: auf dem Gelände des Betriebsbahnhofs Rummelsburg.

Dass man es in Pankow mit einer architekturgeschichtlichen Besonder-

Folgende Doppelseite: Drehscheibe des später erbauten Ringlokschuppens

heit zu tun hat, sieht der Laie freilich nicht. Denn auf eine denkmalgerechte Sanierung wartet der Lokschuppen vergebens – seit 1997, als die Bahn AG den Rangierbahnhof aufgab. Seither verfällt die Anlage. Das hölzerne Dach der Kuppel ist morsch. Die Fenster des oberen Lichtbands sind zerschlagen oder bunt besprüht. Das farbig getönte Licht verleiht dem Saal eine fast schon sakrale Atmosphäre – und gibt Anlass zu Grü-

beleien, warum sich Menschen auf der Suche nach dem optimalen Platz für ihre Graffiti-Tags regelmäßig in Lebensgefahr begeben.

Die Drehscheibe ist fast komplett unter Spanplatten versteckt. Das erinnert an die Zeiten, in denen der Rundlokschuppen wiederholt als Party-Location genutzt wurde. Die »Fantastischen Vier« spielten hier 1998 vor ausverkauftem Haus. Mittlerweile wird auf dem Gelände nur noch illegal gefeiert. Auf den Dächern der Nebengebäude lassen Jugendliche die Wasserpfeife kreisen, und in einer ehemaligen Garage stehen die ausgebrannten Reste einer Luxuslimousine – silbern besprüht und signiert. Bizarre Kunstaktion oder schlicht ein gestohlenes Auto? Für eine Brache ist das Gebiet reichlich belebt und erfreut sich als gigantischer Abenteuerspielplatz großer Beliebtheit.

Eines der Highlights: der zweite, später errichtete Lokschuppen, mit einer Drehscheibe unter freiem Himmel. Hier kann man erleben, wie solide alte Technik sein kann. Mit der Kurbel lässt sich der gigantische Teller aus Stahl problemlos in Bewegung setzen. Willkommen zu einer Karussellfahrt in extremer Zeitlupe!

Die Fahrt führt an verrosteten Stahltüren und dem Verwaltungsgebäude aus den 1950er-Jahren vorbei. Dieses erinnert an jene Zeit, in der die Deutsche Reichsbahn hier noch angehende Eisenbahner ausbildete.

2009 wurde das Areal verkauft. Der Rundlokschuppen soll dennoch stehen bleiben. Ideen für eine neue Nutzung gibt es viele: Von einer Markthalle und einer Großraumdisco war schon die Rede, sogar von einem eigenen Opernhaus für Pankow. Bis es so weit ist, muss man mit dem Großstadt-Sound vom nahen S-Bahnsteig vorliebnehmen.

Verfasst 2014. An den Plänen für ein Wohngebiet auf dem ehemaligen Bahngelände wird weiter gearbeitet. Seit Herbst 2019 wird auch über einen Abriss des Lokschuppens diskutiert.

Die Geisterstrecke im Kiefernwald

Kontrollpunkt Dreilinden

Hier standen sie alle, Stoßstange an Stoßstange: der einfache Kadett und der protzige Kapitän, der bodenständige Mercedes mit Heckflosse und Citroëns extravagante Göttin, der spartanische Käfer und der opulente BMW V-8, Alfas rassige Giulia und Borgwards bürgerliche Isabella. Denn die Grenze machte alle gleich. Hier hob der realsozialistische deutsche Staat die Klassen der westdeutschen Autofahrer auf. Egal, wie viel PS man unter der Haube hatte – hier musste jeder, der auf der Transitstrecke von Westdeutschland über den Kontrollpunkt Dreilinden-Drewitz nach West-Berlin wollte, gleich lang warten. Oft über Stunden.

Die Autos, die einst hier standen, sind längst verschrottet. Und die Fahrbahn, auf der die Zeit zur gefühlten Ewigkeit wurde, verschwindet Stück für Stück. Ihre Reste sind von Moos bedeckt. Die Asphaltreste sind rissig. Bäumchen sprießen aus den Ritzen. Hier ist schon seit Jahr-

Vormaliger Checkpoint Bravo der Westalliierten: Autobahn ohne Stau

zehnten kein Auto mehr gerollt. Auch nicht über die Brücke über den Teltowkanal und die sich anschließende Trasse. Seelenruhig erobert sich der Spaziergänger einen Raum, der sonst denkbar lebensgefährlich für ihn ist – eine Autobahn. Und er spaziert auf den Spuren der Geschichte.

Knapp drei Kilometer ist die vergessene Trasse lang. Zwischen Babelsberg und Kleinmachnow führt sie durch die Kiefernwälder. Wer heute auf der A 115 in Richtung Hauptstadt fährt, ahnt nicht, dass kurz hinter dem Parkplatz Parforceheide die Strecke einst anders verlief. Hier hatten 1940 Hitlers Autobahnplaner mit der Reichsautobahn 51 die letzte Lücke auf dem schnellen Weg von und nach Berlin geschlossen – die AVUS und den südlichen Berliner Ring gab es schon länger. Zügig konnte man nun auf den »Straßen des Führers« direkt von der Reichshauptstadt nach Nürnberg, in die »Stadt der Reichsparteitage« und die »Hauptstadt der Bewegung«, reisen – eine symbolträchtigere Trasse für den NS-Staat war kaum möglich.

Wichtigstes Projekt des Lückenschlusses vor den Toren Berlins war die Brücke über den Teltowkanal. Lange hatten die Kraftfahrer allerdings nicht ihre Freude an ihr: 1945 wurde sie von der Wehrmacht gesprengt. In den ersten Jahren nach dem Krieg musste eine Notbrücke ausreichen, 1948 kam ein Kontrollpunkt dazu. Die Brücke markierte nun nämlich den Übergang zwischen zwei Welten: der sowjetischen Besatzungszone (SBZ) und dem von den westlichen Siegermächten kontrollierten West-Berlin.

Verband West-Berlin mit der BRD: Brücke

Die Lage des von den Westalliierten Checkpoint Bravo getauften Kontrollpunkts barg allerdings Probleme. Südlich des Teltowkanals ragte nämlich ein winziges Stückchen West-Berlin in den Bereich der SBZ hinein. Wer auf der Autobahn nach Berlin fuhr, streifte lediglich West-Berliner Gebiet, bevor er über die Brücke wieder in die sowjetische Zone kam. Erst knapp drei Kilometer später war man richtig in West-Berlin angekommen.

In den ersten Jahren nach der Gründung der DDR und der Bundesrepublik war das eher eine Formalie. Die Grenze war schließlich noch relativ offen. Deshalb teilten sich auch Ost und West in ungewohnter Brüderlichkeit den Bau der neuen Brücke, die das Nachkriegsprovisorium ersetzte. Für den südlichen Teil der Brücke flossen Gelder aus dem Marshall-Plan, und das Motto des Projekts zeugte von der Hoffnung, dass die deutsche Teilung nicht von allzu langer Dauer sein würde: »Die Brücke zu Euch – Ost- und Westdeutschland gehören zusammen«. Ernst Reuter, der Regierende Bürgermeister West-Berlins, weihte den Bau 1954 feierlich ein.

Verwaist: Ehemalige Raststätte Dreilinden

Mit dem Bau der Mauer wurde der Verlauf der Autobahn für die DDR allerdings zum Ärgernis. Dass die Transitreisenden nach den Kontrollen noch einmal über DDR-Gebiet fuhren, stellte die Grenztruppen vor erhebliche Sicherheitsprobleme: DDR-Bürger hätten sich ohne Probleme aus dem benachbarten Kleinmachnow durch das Gebüsch zur Autobahn schleichen können, um dann in einen am Straßenrand haltenden Westwagen zu steigen und sich ohne weitere Kontrollen direkt nach West-Berlin kutschieren zu lassen. Ergo mussten jetzt auch die besagten drei Kilometer Autobahn streng gesichert werden. 1969 wurde das Kuriosum beendet: Die West-Berliner Autobahn auf DDR-Gebiet wurde durch die heute bekannte Trasse ersetzt. Ost und West schmückten die Änderung auf ihre Weise architektonisch aus: West-Berlin ließ von Senatsbaudirektor Rainer Rümmler einen quietschebunten Zylinder entwerfen, der zum Markenzeichen des neuen Kontrollpunkts Dreilinden wurde – und die DDR setzte mitten auf die Teltowkanal-Brücke ein paar Mauerelemente.

Schnittpunkt zweier Verkehrswege: Die Stammbahn überquerte die Autobahn

Rümmlers Ikone der Pop-Architektur steht seit Jahren leer. Das Mauerstück auf der Teltowkanalbrücke ist abgebaut, die alte Autobahn ist fast ganz verschwunden. Noch in den 90ern wurde sie für Dreharbeiten genutzt – wo findet man sonst schon eine ganze Autobahn als Kulisse? Für »Alarm für Cobra 11« wurden dort zahlreiche Fahrzeuge zu Schrott verwandelt. Doch 1999 wurde der Asphalt abgetragen – als ökologische Ausgleichsmaßnahme für die Verbreiterung der A 115.

Gemütlich schlendert man auf einem Sandweg mitten auf der breiten Trasse. Nach ein paar Hundert Metern steht man vor dem nächsten Relikt des vergessenen Verkehrswegs: Die tote Autobahn wird von der Brücke einer toten Bahnlinie überquert. Hier fuhr früher die »Stammbahn«, die 1838 eingeweihte Strecke Berlin—Potsdam, die erste Bahnlinie Preußens. Auch sie wurde ein Opfer der deutschen Teilung. Dafür nahmen sich Street-Art-Künstler ihrer an. Graffiti-Writer Tobo hat den Stahl mit zig Variationen seines Berliner Bären geziert.

Mittlerweile gibt es Pläne, die Stammbahn wiederzubeleben. Berlin braucht neue Bahnlinien, um den Verkehrsinfarkt zu vermeiden. Die Zeit der Heckflosser und Achtzylinder ist unwiderruflich vorbei.

Verfasst 2019.

Das Labyrinth der Sportler

Freizeitzentrum in der Alten Brauerei

Schmale Gänge. Unbeleuchtete Flure. Enge Treppen. Durchlässe, in denen kräftige Männer kaum Platz für ihre Schultern haben. Wege, die ins Dunkel führen. Wege, die plötzlich enden. Und nie weiß man genau, auf welcher Etage man gerade ist. Zu viele Treppen. Zu viele Stufen. Zu wenig Fenster. Denn die sind seit Jahren vermauert oder mit Brettern vernagelt.

Urängste werden wach, wenn man durch die Ruinen des verwinkelten Baus in Friedrichshain streift. Es ist die Angst vor Dunkelheit und Orientierungslosigkeit. Als der Künstler Gregor Schneider in den 1980er-Jahren diese menschlichen Beklemmungen in Szene setzen wollte, schuf er sein »Haus ur«, ein altes Mietshaus, dessen Räume er verdunkelte, in das er Zwischenebenen einzog und dessen Treppen er ins Leere laufen

Fahles Licht: Nur durch Ritzen gelangt Sonne in das Freizeitzentrum

Federball nach Feierabend: Seit 1952 wurde hier Sport getrieben

ließ. Es ist ein Haus, das die Seele gefrieren lässt. Ein Haus, das keine Geborgenheit bietet. Ein Haus, das verstört.

Für das Berliner Pendant zum »Haus ur« brauchte es keinen Künstler. Seine Erbauer wollten auch nicht Angst und Beklemmung erzeugen, als sie Zwischendecken legten, Trennwände setzten und Nebentreppen einbauten. Im Gegenteil. Denn sie arbeiteten an einem Freizeitzentrum à la DDR. Seit 1952 hatte sich hier die Betriebssportgemeinschaft »Empor Brandenburger Tor« eingerichtet. Werktätige mehrerer Betriebe hatten sich in ihr zusammengeschlossen. Und die legten sich schwer ins Zeug. 278 000 Stunden arbeiteten sie an ihrem Heim. Als Hülle dienten ihnen die Reste des Böhmischen Brauhauses, einer Brauerei, in der seit Kriegsende kein Bier mehr gebraut wurde. Mit viel Improvisationstalent entstanden hier Räume zum Feiern, Kegeln, Saunieren oder Tischtennisspielen. Für jedes Hobby wurde in dem Freizeitzentrum eine Nische gezimmert.

Doch die DDR-Betriebssportgemeinschaften verschwanden, ihre Zentren wurden nicht mehr gebraucht. Der in der Alten Brauerei machten die Brandschutzgesetze des vereinigten Deutschlands den Garaus. 1990 leistete sich der kurz danach zum »SG Empor« umbenannte Verein noch eine neue Asphaltkegelbahn, danach häuften sich die Probleme. Mal wurde das Gebäude von den Behörden geschlossen, dann wurde das Wasser abgestellt, und irgendwann funktionierte die Heizung nicht mehr. Kurz nach dem Jahrtausendwechsel gaben die Sportler ihr Domizil auf.

Hinter den neoromanischen Backsteinfassaden des Hauptgebäudes zog neues Leben ein: Aus dem denkmalgeschützten Bau wurden moderne Büros und Gewerberäume. Ein paar Meter daneben aber, im ehemaligen Sud- und Maschinenhaus, blieb die Zeit stehen. Der einstige Biergarten ist überwuchert. Hinter der besprühten Fassade riecht es nicht mehr nach Sportlerschweiß, sondern nur noch nach Moder und Schimmel. Aus einem morschen Schrank quellen Berge leerer Formulare – Vordrucke für Spielberichte aus Zeiten, in denen es noch einen Basketballverband der DDR gab. Um alle Bögen auszufüllen, hätte die DDR gut hundert Jahre alt werden müssen. Ein

gemauerter Kamin erin-
Formulare des DDR-Basketballverbands
nert an gemütliche Abende im Kollegenkreis. Und auf

dem Boden liegt noch heute das handgemalte Plakat für eine Weihnachtsfeier zu DDR-Zeiten: Die BSG »Empor« ließ bitten, Einlass 18 Uhr. Anstelle eines Weihnachtsengels ziert eine sehr weltliche und sehr barbusige Blondine die Einladung.

Wer heute das einstige Freizeitparadies erkundet, wird zum Höhlenforscher. Ob man sich ober- oder unterirdisch befindet, ist schwer zu erkennen. Schließlich steigen die Ausläufer des Prenzlauer Bergs hier spürbar an, und die Erbauer der Brauerei nutzten das Gefälle geschickt aus. Mal geht es ein paar Stufen hinauf, dann wieder hinunter, mal taucht eine Tür auf, dann wieder kommen ein paar Stufen. Der Gang macht eine Biegung, dann kommt

Folgende Doppelseite: Die Kegelbahn-Gewölbe erinnern an die alten Bierkeller

der nächste Raum. Danach noch mal eine Tür und noch mal eine Treppe. Die Orientierung fällt schwer.

Am Rande des Irrwegs finden sich überall Spuren aus der Vergangenheit der Ruine, in der nicht nur das Sportzentrum beheimatet war. Riesige Weinregale erinnern daran, dass die einstige Brauerei ab 1952 auch das größte Weinlager der DDR beherbergte. Die Berliner Großkellerei hatte

Übrig geblieben: Reste des Gymnastikraums

die kühlen Keller für ihre Zwecke genutzt und die Flaschen gelagert, die dann als seltene Ware in die HO-Läden und zu ganz besonderen Anlässen auf die Tische der Republik kamen. Ein Lager in Berlins Mitte hatte ausgereicht, um einen Großteil des Bedarfs an gegorenem Traubensaft im Bier-und-Schnaps-Land DDR zu decken.

Einige Treppen weiter oben fällt das Kegellicht der Taschenlampe wieder auf die Relikte der Sport-Ära. Zum Beispiel auf die Gymnastikhalle mit einem Fitnessgerät, das sicher nie so genannt wurde. Auf die Kegelbahnen, in denen sich die Farbreste wie Tropfsteine von der gewölbten Decke schälen. Und auf die Miniatursauna, an deren Bretterwand das eiskalte Tauchbad nach dem Schwitzen empfohlen wird.

Ein Tauchbecken findet man jedoch nirgends. Nur ein kleines Schwimmbecken, das zwei Ebenen tiefer liegt. Durch den Raum dringt stechender Gestank, im Wasser des Bassins treiben die aufgedunsenen Überreste mehrerer Füchse. Auch sie hatten wohl mit dem Labyrinth ihre Probleme.

Verfasst 2009. 2016 wurden die leer stehenden Teile abgerissen. Beim Abbruch der denkmalgeschützten Gebäude wurde ein ehemaliger Friedhof mit dreitausend Gräbern entdeckt. Die Pläne, dort rund 400 Wohnungen zu bauen, wurden bislang nicht umgesetzt.

Die Vertretung des Diktators

Irakische Botschaft

Die ungebetenen Botschaftsbesucher leisteten ganze Arbeit. Sie stürzten Möbel um und zerstörten Büromaschinen, fledderten Akten und zerfetzten Bücher. Und sie legten Feuer. Rußig sind das Treppenhaus und die Räume der oberen Stockwerke. Über der ganzen Szene liegt der brandige Geruch der Zerstörung. Erinnerungen werden wach – an Bilder, die sich ins kollektive Gedächtnis eingegraben haben: Bilder von der Besetzung der Deutschen Botschaft in Stockholm 1975 oder der US-Botschaft in Teheran 1979. Doch die Irakische Botschaft in Berlin-Pankow wurde nicht von Terroristen verwüstet und nicht von fanatisierten Revolutionären. Nur der gemeine Berliner Vandale war hier am Werk. Das Gebäude in der Tschaikowskistraße wurde so zu einem eindrucksvollen Beleg für die Broken-Windows-Theorie: Eine zerbrochene und nicht mehr ersetzte Fensterscheibe reicht völlig aus, um Vandalismus in Gang zu setzen. Denn dort, wo Zerstörung offenbar niemanden stört, wird weiter zerstört.

Niemandsland: Die Botschaft des Irak

Dabei war die Irakische Botschaft einmal eine der feineren in Ost-Berlin. Denn zum Land des Diktators Saddam Hussein pflegte die DDR eine besondere Beziehung. Immerhin war der Irak das erste nichtsozialistische Land, das die DDR offiziell anerkannte. Vor allem aber verfügte er über Öl – einen Rohstoff, den man im Land der Braunkohle gut gebrauchen konnte. Umgekehrt waren die Iraker an DDR-Rüstungstechnik interessiert. Öl

Überstürzter Aufbruch: Das gesamte Inventar wurde zurückgelassen

und Waffen – zwei Güter, die im Verhältnis des Irak zum Rest der Welt immer wieder eine Rolle spielten.

1969 nahmen der Irak und die DDR die offiziellen Beziehungen auf, fünf Jahre später wurde der Neubau in der Tschaikowskistraße bezogen. Direkte Nachbarn waren die Botschaften von Frankreich, Italien und Australien – allesamt baugleich, Plattenbauten vom Typ IHB. Es waren schlichte Betongebäude im Stil der 1970er-Jahre, die dennoch eine dezente Eleganz ausstrahlten. An den großzügigen Balkons lockern terrakottafarbene Fassadenelemente mit geometrischen Strukturen die Strenge des Baukörpers auf. In saniertem Zustand wirkt Typ IHB auch heute noch durchaus repräsentativ. Man sieht es eindrucksvoll an den benachbarten Ex-Botschaftsgebäuden, die inzwischen Büros und Wohnungen beherbergen.

Neben diesen gediegenen Nachbarn ist die Irakische Botschaft zum ungeliebten Schmuddelkind geworden. Der Garten ist überwuchert und der Stacheldraht am Zaun eine leere Drohung. Denn das Tor steht sperrangelweit offen. Müll stapelt sich im Hof und in den Untergeschossen. Wo einst Diplomaten über Visumsanträge entschieden, wird heute ab-

Vorige Doppelseite: Der Stacheldraht hält heute keine Besucher mehr ab

geschoben, was keiner mehr braucht: Autoreifen, ausrangierte Kühlschränke, prall gefüllte Müllsäcke, deren Inhalt man lieber nicht näher
kennenlernen möchte.

Doch wenn man genauer hinsieht, entdeckt man trotz der Verwüstung
Spuren des einstigen Luxus, Relikte der unaufdringlichen Exklusivität,
die das Haus einst auszeichnete. Ein grün-weißes Mosaik ziert das Treppenhaus. Eine großzügige Terrasse bietet einen Blick auf den einst park-
ähnlichen Garten. Reste des Holzparketts erinnern an elegante Emp-
fänge in den weitläufigen Räumen des Erdgeschosses, üppige Ledersessel
an vertrauliche Gespräche hinter schalldicht gepolsterten Türen.

Die letzten dürften hier im Jahre 1991 geführt worden sein. Dann
wurde das Gebäude unter dem Druck der deutschen Behörden geräumt:
Illegale Waffenlagerungen und die Unterstützung von Terroristen warf
man den Botschaftsangehörigen vor. Durch den Einmarsch nach Kuwait
hatte sich der Irak ohnehin seinen Platz auf der Liste der Schurkenstaa-
ten gesichert. Die Diplomaten gingen – und kehrten nie wieder zurück.

Mittlerweile war Pankow nämlich als Botschaftssitz denkbar unat-
traktiv geworden. Ursprünglich war die Nähe zum Schloss Niederschön-

Nie abgeschickt: Post von Saddams Diplomaten

hausen ausschlaggebend für die Ansiedlung des Botschaftsviertels gewesen. Das ehemalige Hohenzollernschloss war von 1949 bis zum Tod
Wilhelm Piecks im Jahre 1960 Sitz des Präsidenten der DDR, danach
tagte hier der Staatsrat, und ab 1964 diente es der DDR-Regierung als

Gästehaus. Nach der Deutschen Einheit aber lag das Gebäude fernab vom Geschehen. Die meisten Diplomaten ließen die Möbelwagen kommen und zogen in zentralere Lagen, idealerweise in das reaktivierte historische Diplomatenviertel am Südrand des Tiergartens. In Pankow blieb nur, wer sich einen Umzug nicht leisten konnte: Eritrea zum Beispiel und Kambodscha. Auch die Iraker richteten sich nach ihrer Rückkehr nach Berlin neu ein – und zwar im feinen Dahlem.

Albtraum für Datenschützer: Aktenberge

Zwischen Brandschutt, Staub und Scherben findet man in einem der verwüsteten Büros noch das Angebot einer Speditionsfirma, den Umzug der Botschaft abzuwickeln. Die Firma erhielt nie eine Antwort – der Irak ließ das komplette Inventar einfach zurück. So lebt in der Tschaikowskistraße der Staat des Saddam Hussein bis heute weiter.

Zwar gehören das Grundstück und das Gebäude dem Bund, doch hat der Irak angeblich ein unbefristetes Nutzungsrecht. Bis Ende der 1990er-Jahre wurde das Haus notdürftig instand gehalten, seither ist es seinem Schicksal überlassen. Über Datenschutz machte sich offenbar niemand Gedanken: In dem offenen Gebäude lagerten lange noch Visumsanträge und Dossiers, bis ein aufmerksamer Anlieger sie sicherstellte. Bis heute sind die abgewetzten Teppichböden bedeckt mit Akten, die man nur mit Arabischkenntissen entziffern kann.

Die arabischen Tasten der Schreibmaschinen indes haben sich Souvenirjäger unter den Nagel gerissen. Auch die Saddam-Porträts, die einst jedes Büro zierten, verschwanden. Manch eines dürfte heute in irgendeiner Wohnung als bizarrer Wandschmuck an einen Pankow-Ausflug erinnern.

Verfasst 2014. Mittlerweile verfiel das Gebäude immer weiter. Doch der irakische Botschafter teilte mit, es solle erhalten bleiben. Es gibt vage Pläne, es als Kulturzentrum zu nutzen.

Der Zauberberg für das Proletariat

Beelitz Heilstätten

Vergessene Orte sind meist auch verschwundene Orte. Erst verschwinden sie aus dem Alltag, dann aus Adress- und Telefonbüchern. Bald von Landkarten und Stadtplänen und irgendwann auch von Wegweisern. Denn dort, wo es nichts mehr gibt, will auch niemand mehr hin – und es gibt auch niemanden mehr, der Wert darauf legt, gefunden zu werden. Mit den Gebäuden verfällt auch ihr Platz im Bewusstsein. Meistens – aber nicht immer. Denn südwestlich von Berlin hat der Verfall sogar seine eigene Autobahnausfahrt. Wer sich auf der A 9 aus Richtung Leipzig nähert, kann den verlorenen Ort nicht verfehlen – kurz vor Dreieck Potsdam steht sein Name meterhoch auf der Schilderbrücke, weiß auf blau, nachts wird er beleuchtet: »Beelitz Heilstätten«. Schon wenige

Geisterschloss: Das Küchengebäude der ehemaligen Heilstätten

hundert Meter nach der Autobahnabfahrt wird die Straße schmal und holprig. Hinter Nadelwäldern tauchen bemooste Backsteinbauten mit leeren Fensterhöhlen auf. Man befindet sich inmitten einer Ruinenlandschaft.

Durch offen stehende Türen betritt man eine andere Welt: lange Gänge,

Lange Gänge, stille Treppen: Die letzten Patienten gingen 1994

eingeschlagene Fenster, Farbe, die von der Decke bröselt. Wenn verlassene Gebäude ihre eigene Aura haben – in verlassenen Krankenhäusern potenziert sie sich. Zum Geruch von Moder kommt der Gedanke an Krankheit und Verwesung. Wie viele Menschen erlitten in diesen Räumen Schmerzen? Wie viele sind in diesem sterbenden Haus selbst gestorben?

Mit diesen Assoziationen hätten die Bauherren freilich wenig anzufangen gewusst. Denn als die Beelitzer Heilstätten ab 1898 entstanden, waren sie ein ehrgeiziges und vor allem sozial vorbildliches Projekt der Berliner Rentenversicherer. Mit direktem Eisenbahnanschluss an die expandierende Reichshauptstadt entstand eine mustergültig ausgestattete Klinik zur Heilung von Lungentuberkulose – einer Krankheit der Armen, wohlgemerkt. Denn vor allem in den engen Hinterhöfen und feuchten Arbeiterwohnungen grassierte die Tuberkulose. Und obwohl die Zielgruppe nicht zu den Besserverdienenden gehörte, wurde beim Bau der Heilstätten an nichts gespart. Schon bei der Wahl des Architekten setzte man auf Renommee: Beauftragt wurde Heino Schmieden, Kompagnon von Martin Gropius und Baumeister der Berliner Charité. Und entsprechend plante Schmieden auch: große Zimmer, Balkone, Terrassen, Loggien und Wandelgänge – alles reich verziert im Stil des Wilhelminismus. Drei weitere Bauphasen spiegeln die Architekturgeschichte des frühen 20. Jahrhunderts wider: 1905 bis 1908 zog der Jugendstil in Beelitz ein, beim nächsten Bauabschnitt ab 1926 nahmen die Architekten Anleihen beim Expressionismus. Und 1942 ergänzte Egon Eiermann den Komplex um einige Pavillons, die überraschend modern wirken für die NS-Zeit. Über sechzig Gebäude wurden in den Kiefernwald gesetzt – eine Stadt für sich, mit Metzgerei, Bäckerei, Großwäscherei, Gärtnerei und Heizkraftwerk. Vor den Toren der Hauptstadt wuchs Stück für Stück ein Zauberberg für das Proletariat vom Wedding und aus Moabit. Aber sauber getrennt wurde auch hier – wenn auch nicht nach sozialen Schichten. Denn in Beelitz gab es vier Quartiere: für ansteckende und nicht ansteckende Krankheiten, für Männer und für Frauen. Und auch das Personal sollte vor Begegnungen bewahrt werden, die die Sittlichkeit gestört hätten. Darum stehen die Küche und die Wäscherei im Frauenbereich, das Heizhaus im Männerquartier.

Hospital mit Dachterrasse: Die Chirurgie

Heute ist der Zauberberg ein Geisterschloss. Durch zerschlagene Buntglasfenster dringt helles Sonnenlicht. Der floral geformte Stuck der Kapitelle folgt den Gesetzen der Schwerkraft. Aus geschnitzten Dacheinfassungen wächst Gras. Unter löchrigen Ziegeln sprießt Farn auf Dachbodendielen. Nach zwanzig Jahren Leerstand kann die Natur deutlich sichtbare Erfolge verzeichnen. Und im Gestrüpp des wild wuchernden Waldes tauchen die Reste eines Klinikteils auf, der schon im Zweiten Weltkrieg zerbombt wurde. Das Treppenhaus trägt bis heute den Ruß der Kriegsnacht. Im Gang rostet ein stählernes Krankenbett, ein Artefakt wie aus den Tiefen der »Tita-

nic«. Seit 1944 wuchern Gras und Bäume über diesen Trakt – vielleicht als Strafe dafür, dass nach dem Ersten Weltkrieg der verwundete Gefreite Adolf H. in Beelitz gesund gepflegt wurde? Zumindest in diesem Fall hätten schlechtere Beelitzer Ärzte der Menschheit viel erspart …

Doch die Zeiten von Krieg und Militär sind Geschichte, die Heilstätten sind zur heimlichen Touristenattraktion geworden, und zur Saison gibt's am Rande der Ruinenstadt sogar einen eigenen Verkaufsstand für die zweite Beelitzer Berühmtheit: frischen Spargel. Wer durch Beelitz zieht, unterscheidet nicht mehr zwischen Lungen-Tbc und anderen Gebrechen, sondern zwischen Nikon und Canon – das todkranke Krankenhaus wurde zum Freilichtmuseum der Fotografen. Damen in Lack und Latex posierten zwischen Säulen, Geländern und OP-Tischen – die morbide Atmosphäre inspirierte. Liebe, Sex und Tod lagen schon immer nah beieinander. Doch aus dem Spiel mit dem Tod wurde plötzlich Ernst: Ein Amateurmodel kam nach einem Fotoshooting zu Tode. Eine nächtliche Geisterparty endete mit einem Absturz im Treppenhaus. Im Krankenhaus wurde wieder gestorben – bis der Besitzer das Gelände zum Sperrgebiet erklärte und einen Wachdienst engagierte.

Überbleibsel: Wandschmuck im Badhaus

Wer in den Jahren davor genauer hinsah, fand auch andere Spuren. An der Wand kleben Reste der alten Untertapeten, die an die Menschen, die das Krankenhaus nach 1945 nutzten, erinnern: eine Ausgabe der »Prawda« aus den frühen 1980ern. Und auf eine Tür des Aufzugs ist mit einer unscharfen Schablone eine »Drei« in kyrillischen Buchstaben über das deutsche »2. Stck.« gemalt. Denn wie den Amerikanern ist den Russen

Vorige Doppelseite: Statt Sterilität findet man im OP-Saal bunte Graffiti
Rechte Seite: Zahnarztstuhl und stuckverzierter Haupteingang

Erinnert an die ehemaligen Nutzer: Ehrenmal im Hof

die deutsche Eigenart des nicht mitgezählten Erdgeschosses fremd. Wenigstens hierin waren sich die Gegner im Kalten Krieg einig.

1994 wurde das größte sowjetische Militärhospital außerhalb der Sowjetunion aufgegeben. Auch der letzte prominente Patient war damals schon längst ausgezogen: Der krebskranke Erich Honecker entzog sich 1991 im damals unter sowjetischer Regie stehenden Beelitz der Strafverfolgung durch die Justiz des wiedervereinigten Deutschlands – bis er nach Moskau ausgeflogen wurde.

Schon bald lockte das Areal Investoren an, die Teile sanierten. In einem der großen Jugendstilgebäude wird heute wieder therapiert. Die Stadt Beelitz träumte von einem Gesundheitspark in Hauptstadtnähe und legte einen ehrgeizigen Bebauungsplan auf. Doch auf den kurzen Boom folgte die Pleite. Die Sanierer gingen, die Hoffnungen schwanden. Was blieb, sind die Ruinen. Und die Autobahnausfahrt.

Verfasst 2009/2014. Ein Teil des Geländes wird heute touristisch genutzt. Neben einem Baumwipfelpfad gibt es geführte Touren durch verschiedene Gebäude. Andere Bereiche des Areals werden derzeit saniert.